괜찮아, 다시 시작해

괜찮아, 다시 시작해

지은이 | 김형준

초판 발행 | 2014. 10. 20

5쇄 발행 | 2016. 5. 20.

등록번호 | 제3-203호

등록된 곳 | 서울특별시 용산구 서빙고로 65길 38

발행처 | 사단법인 두란노서원

영업부 | 2078-3352   FAX | 080-749-3705

출판부 | 2078-3331

책 값은 뒤표지에 있습니다.

ISBN 978-89-531-2104-1 03230

독자의 의견을 기다립니다.

tpress@duranno.com   www.duranno.com

괜찮아,
다시 시작해

글 김형준

두란노

따뜻한
사랑의 하늘 언어에
목마른 당신에게

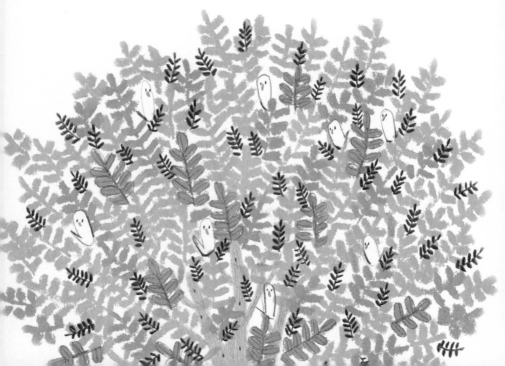

살다보면 예상하지 않았던 곳에서 뜻밖의 좌절을 겪을 때가 있
습니다.

누구보다도 더 잘 할 수 있다고 굳게 믿어 왔던 일에서 주저
앉을 때가 있습니다. 그리고 지금까지 잘 걸어왔던 길이 어느 날
갑자기 사라진 것 같은 기분을 경험을 할 때도 있습니다. 그때는
어디로 가야 할지 모릅니다. 무엇을 해야 할지도 모르는 막막함
을 겪게 됩니다.

막상 어려움을 당하면 어려움보다 더 고통스럽게 만드는 것
이 바로 외로움입니다.

외로움으로 가득 찬 우리의 시선은 세상 모든 것이 좌절과

슬픈 일로만 색칠해져 있는 것처럼 보입니다. 세상의 모든 것들이 온통 나를 비난하는 소리처럼 들립니다. 심지어 나의 내면에서도 스스로를 향한 비난과 조롱의 소리가 들립니다. 그런 순간에는 이 세상에 내 편이 아무도 없다는 두려움이 몰려오기도 합니다.

이때 가장 듣고 싶은 말이 있습니다. 온몸을 감싸는 따뜻한 사랑의 말이 목마릅니다.

나를 일으켜 세우는 말, 나를 붙들어 주는 말, 다시 시작할 용기를 주는 말을 갈구하게 됩니다. 마치 목마른 사슴이 시냇물을 찾기에 갈급한 것처럼 말입니다.

"넘어져도 괜찮아!"

"어디로 갈지 몰라도 괜찮아!"

"잘 하지 못해도 괜찮아!"

"그래, 거기서 다시 시작해!

이것은 분명히 사람의 말인데 사람에게서 들을 수는 없었습니다. 분명히 내가 할 수 있는 말인데도 쉽게 해보지 못한 말들입니다.

들을 수 없고, 할 수 없었던 언어들을 이 책에 담았습니다. 사람의 말이지만, 하늘의 언어인 이러한 말을 우리에게 지금도 하고 계신 주님의 사랑을 여러분과 나누고 싶었습니다. 이런 나눔이 가능하도록 도움을 주신 많은 분들에게 감사의 인사를 전합니다. 또한 이 책을 읽는 모든 이들에게 주님의 음성이 전해졌으면 좋겠습니다.

오늘도 주님의 음성 듣기를 갈구하는 분들에게 이 책에 담은 생명의 언어를 전해드리고 싶습니다.

여전히 하늘의 언어를 갈망하며
2014 가을의 입구에서
김형준

1부

넘어져도 괜찮아

주님이 널 사랑하시니까

포기의 순간 다시 뛰게 하시는 하나님 _18

변하지 않는 사실, 우리를 향한 하나님 사랑 _22

바닥, 그곳에도 계신 하나님 _26

떠나지 않고 머무르는 잔잔한 사랑 _32

자유를 주신 진짜 이유 _36

말씀으로 승리하는 삶 _40

그 십자가의 사랑 앞에서 _46

나를 향한 하나님의 사랑 _50

절망의 자리에서 희망으로 _54

2부

어디로 갈지 몰라도 괜찮아

주님이 네 길 되어 주시니까

함께 하시는 주님이 계시기에 _62

결코 흔들리지 않는 믿음의 반석 _66

마지막 순간까지 포기 않기 _72

하나님에 의해서 하나님을 위해서 _76

승리한 싸움에도 반드시 필요한 희생 _82

하나님과 떠나는 진리의 여행 _86

순간순간 하나님의 뜻 묻기 _90

비전을 향한 믿음의 여정 _96

어둔 마음을 밝히고 깨우는 자 _100

뜻을 정한 사람 뜻을 이루는 사람 _104

안전지대를 떠나 말씀 앞으로 _108

아픔, 그곳이 바로 우리가 머무를 곳 _112

3부

잘하지 못해도 괜찮아

주님이 널 기다려 주시니까

평범한 사람이 전한 놀라운 이야기 _124
헛된 인생을 만지시는 주님 _128
회복을 선택하는 시간 _132
기다림을 무너뜨리는 유혹 _136
날마다 하나님과 더 친밀하게 _142
복된 계절에 힘써야 할 일 _146
진정한 쉼의 의미 _152
더욱 깊이, 더욱 간절히 _156
이전과 다른 삶의 비밀, 지혜 _160
틀을 바꾸는 순간 새롭게 된다 _164
믿음으로 하나하나 차곡차곡 _168
아름답고도 위대한 믿음의 유산 _172

4부

그래, 거기서 다시 시작해

주님이 널 부르신 그곳에서

하나님이 빚으시는 인격 _180
제2의 바나바를 찾습니다 _184
기다림으로 약속 이루어가기 _188
때로는 미래가 보이지 않아도 _192
하나님 마음에 합한 인생기준 _198
하나님이 찾으시는 사람 _204
가장 가치 있는 선물 _208
하나님 나라에 초점을 맞춘 삶 _212
하나님과 함께 비상하라 _216
섬김과 나눔의 영성 _222
다시 본질로, 다시 뜨겁게 _226
예수님의 삶의 원칙 _230
그리스도인답게 살아가기 _234

새 힘을 공급받기 위해서는
날마다 하나님을 앙망해야 합니다.

1부

넘어져도 괜찮아

주님이 널 사랑하시니까

포기의 순간
다시 뛰게 하시는
하나님

우리 마음에 담아 둘 가장 가치 있는 것을 꼽으라면 그것은 분명 '사랑'입니다. 사랑에는 '모든 것'이 들어 있기 때문입니다. 그리고 하나님은 우리를 사랑하셨기 때문에 당신의 '모든 것', 즉 하나뿐인 아들 독생자 예수 그리스도를 주셨습니다.

십자가의 놀라운 사랑

사랑은 우리가 살아가는 이유입니다. 우리 모두는 자녀를 사랑하고, 물질을 사랑하고, 지식과 명예와 권력, 그리고 꿈과 소망을 사랑합니다. 그리고 그것을 이루기 위해서 최선을 다해 살아갑니다. 그래서 사랑은 우리 행동의 이유가 되고, 우리 삶을 설명해 주는 핵심 인자가 됩니다.

주님의 삶도 우리와 다르지 않으셨습니다. 주님이 이 땅에서 행하신 모든 일의 이유가 바로 우리를 향한 사랑이기 때문입니다. 주님은 우리의 생명을 살리고 회복시켜 풍성한 삶을 주시려고 십자가에서 그 놀라운 사랑을 보이셨습니다. 주님의 모든 생각과 행동에는 사랑이 자리 잡고 있습니다. 예수님을 가장 가까이에서 지켜본 사도 요한은 예수님이 곧 사랑이시라고 전합니다. 바울 역시 그리스도의 사랑이 강권하시므로 복음을 전하노라고 고백합니다.

주님의 사랑은 우리를 늘 새롭게 합니다. 그 사랑이 없으면 세상은 메마릅니다. 생명력을 잃어버립니다. 사랑은 우리를 새로이 눈뜨게 하고 포기하고 싶은 순간에도 다시 시작하게 합니다. 사랑은 본질적인 변화를 일으킵니다. 우리가 되찾아 붙들어야 할 가장 중요한 것이 있다면, 그것은 바로 사랑입니다. 생명을 살리고 기쁨을 회복시키는 주님의 그 사랑 말입니다.

괜찮아,
다시 시작해

사랑이 답이다!

주님의 사랑은 우리의 계획이 실패하고 삶이 무너져 갈 때 지치고 힘든 우리 앞에 차려진 따뜻한 밥상과 같은 위로와 힘을 줍니다. 깨어진 마음을 회복시켜 기쁨의 눈물을 흘리게 하고, 웃음을 웃게 하며, 끊어진 관계를 이어 주는 것도 그 사랑입니다.

　배신자요 실패자였던 베드로에게 다가와서 다시 기대를 걸고 그를 축복해 존귀한 자리에 세운 것도 예수님의 사랑이었습니다. "요한의 아들 시몬아"(요 21:15-17)라는 부르심에는 관계를 회복시키는 하나님의 사랑이 담겨 있습니다. 주님은 베드로를 향한 변하지 않는 사랑의 가치를 깨우쳐 주신 것입니다. 예수님은 베드로와의 관계를 회복하셨을 뿐 아니라 이미 실패해 무능력이 철저히 드러난 그 자리에 그를 다시 불러 세우셨습니다. 모두가 그에 대한 신뢰를 내려놓은 상태에서 예수님만은 여전히 그를 사랑하는 제자로 대하시며 사역을 맡겨 주신 것입니다.

　하나님의 사랑은 우리를 깨우치고 회복시킵니다. 이는 이스라엘 역사와 기독교 역사에서 수없이 되풀이되어 온 사실입니다. 예수님은 오늘도 이 사랑 때문에 나를 찾아오셨습니다. 나를 붙들어 깨닫게 하시고 회복시키시려고, 또 나를 존귀하고 복된 삶의 자리로 초대하시려고 오셨습니다.

　하나님의 변함없는 사랑은 어찌나 놀라운지, 그분은 우리가 이해하지 못해도 포기하지 않고 끊임없이 말씀하십니다. 도무지 이해하지 못하는 인간들을 위해 가장 비참한 죽음으로 고통받는 십자가를 지더라도 우리를 포기하지 않은 것이 그 사랑입니다. 그토록 애절하게 우리를 사랑하시는 마음이 결국은 주님을 십자가로 향하게 만든 것입니다.

어찌 보면 만왕의 왕이신 하나님과 죄인인 우리는 이루어질 수 없는 관계처럼 보입니다. 하지만 하나님은 이루어질 수 없는 사랑을 만들어 가기로 작정하셨습니다. 이를 위한 그분의 첫 번째 계획은 '만남'입니다. 하나님이 죄인인 우리를 찾아와 만나심으로써 사랑의 관계를 세우시기 위한 첫걸음을 내디디신 것입니다. 살아오면서 잃어버린 것이 많은 우리 삶이지만 주님과의 사랑을 다시 시작하는 것보다 우선 되는 일은 없을 것입니다.

우리는 우리를 절망에서 소망으로, 멸망에서 생명으로, 불행에서 행복으로 옮겨 주신 주님의 사랑 이야기를 꼭 만나야 합니다. 우리를 덮으시는 주님의 십자가, 그 사랑을 알고 거룩한 삶으로의 부르심 앞에 다시 설 수 있기를 소망합니다.

변하지 않는 사실,
우리를 향한
하나님 사랑

　　　　　　　　F. B. 마이어라는 사람이 그린 그림을
본 적이 있습니까? 그 그림은 '사실'(Fact)이라는 사람과 '감
정'(Feeling)이라는 사람과 '믿음'(Faith)이라는 세 사람이 다리를
건너고 있습니다. 사실(Fact)이라는 것은 분명히 일어난 일, 현실
을 이야기합니다. 예를 들어 '지구는 둥글다', '지구는 자전한다',
'해는 동쪽에서 떠서 서쪽으로 진다'와 같은 것입니다.
이러한 것들은 변하지 않는 사실입니다.

사실과 감정

우리가 잘 아는 것처럼 갈릴레이 갈릴레오는 지동설을 주장한 사람입니다. 그러나 그 당시 사람들은 그의 말을 믿지 않았습니다. 그를 이단 취급하면서 재판을 걸었습니다. 그는 잠시 자신의 의견을 부인하여 목숨을 건졌습니다. 부당한 판결을 뒤로하고 나오면서 그는 "그래도 지구는 돌고 있다"고 말했습니다. 누가 뭐라 해도 지구가 자전하는 사실은 변치 않는 것입니다.

하지만 느낌 또는 '감정'(Feeling)은 변합니다. 즐거울 때도 있고 분노할 때도 있으며, 기뻐할 때도 있고 슬퍼할 때도 있는 것이 우리의 감정입니다. 상황이나 생각에 따라서 변합니다. 문제는 우리의 믿음이 '사실'에 뿌리내린 것이라면 변함이 없겠지만, '감정'에 뿌리내린 것이라면 흔들리게 된다는 것입니다.

서양 사람들은 '새가 노래 한다'고 하는데 우리나라 사람들은 '새가 운다'라고 표현합니다. 똑같은 것을 보고도 보는 사람에 따라 반응이 다른 것은 '감정'때문입니다. 그러나 '사실'은 변함이 없습니다. 아무리 기분이 좋아서 날아갈 것 같아도 높은 곳에서 아래로 실제로 떨어진다면 기분처럼 날아가지 않고 땅에 내동댕이쳐질 것입니다. '사실'은 감정과 달리 기분에 따라 변하지 않기 때문입니다. 진리도 마찬가지입니다.

변하지 않는 사실

만일 우리의 믿음이 진리에 기초를 두지 않고, 감정에 뿌리내리고 있다면 하나님이 살아 계시며 우리를 구원하셨다는 사실을 믿기는 하겠지만 일상생활 속에서 실패와 질병 같은 어려움이 찾아오면 의심하게 될 것입니다. '정말 하나님이 살아 계시는 것일까?, 내 기도를 듣고 계신건가?, 나에게 응답하시는 것일까?, 정말 하나님이 나를 구원하셨는가?' 하는 생각과 의심이 내 안에 가득할 것입니다. 이 의심의 답은 성경이 알려 줍니다.

"천지는 없어지겠으나 내 말은 없어지지 아니하리라"(막 13:31).

"주의 말씀이 영원히 하늘에 굳게 섰사오며"(시 119:89).

우리의 운명에 관해 믿음의 기초를 둘 분명한 사실은 성경에 있습니다. 바로 하나님의 말씀입니다.

원래 우리는 하나님과 관계가 깨어지면서 죄가 마음속에 찾아오고 죄로 말미암아 죽을 수밖에 없는 운명에 처했었습니다. 한 번의 육체적인 죽음으로 끝나는 것이 아니라, 죗값을 치르기 위한 심판이 있고, 심판에 따라서 영원한 형벌에 들어갈 수밖에 없었습니다. 이것이 바로 하나님이 말씀대로 행하실 분명한 사실이었습니다. 그러나 그보다 더 중요한 사실은 하나님이 우리를 사랑하셔서 사랑하는 독생자 예수 그리스도를 이 땅에 보내셨다는 것입니다. 우리가 짊어져야 할 모든 죄를 예수님이 지게 하시고, 십자가에 달려 죽으심으로 우리를 자유하게 하셨습니다. 이 사실을 믿고 예수 그리스도를 구세주로 영접하는 사람에게 하나님은 죄를 사해 주실 뿐 아니라, 구원과 영생을 주겠다고 약속하셨습니다. 이 분명한 '사실'이 우리 믿음의 기초입니다.

바닥,
그곳에도 계신
하나님

우리에게는 각자 나름대로 사람들에 대한 평가 기준이 있습니다. 그래서 누군가를 만났을 때 좋은 사람인지 나쁜 사람인지, 같이 지낼 만한 사람인지 아닌지를 판단합니다. 이는 지극히 주관적이어서 때로는 누군가를 그릇된 사람으로 낙인찍기도 하고, 심지어는 자기 자신에게도 그러한 판단과 평가를 내리기도 합니다.

하나님의 평가 기준

하지만 하나님의 평가 기준은 우리와 많이 다릅니다. 하나님은 눈에 보이는 조건과 환경으로 사람을 단정 짓지 않으십니다. 또한 우리의 과거와 현재 때문에 미래까지도 묶어 버리는 분이 아닙니다.

사사기에는 입다라는 사사가 등장합니다. 그는 '큰 용사'라고 불렸던 사람입니다. 기생의 아들로 태어났기 때문에 손가락질을 받으며 자라야 했습니다. 본처의 아들들에게 쫓겨나 구석진 곳에서 성장했고 서자라는 이유만으로 무시와 모욕을 당했습니다.

자신이 선택한 인생도 아닌데 상처투성이로 살아야 하는 입다의 억울함과 원망은 이루 말할 수 없었을 것입니다. 아마 어릴 때부터 '인생은 비참하고 고독한 것이구나. 산다는 것은 정말 고통이구나. 인간은 참으로 악한 존재로구나'라는 생각이 뼛속 깊이 박혔을 것입니다. 차라리 죽음을 택하고 싶었을 것입니다.

그런데 그에게 놀라운 일이 일어납니다. 손톱만큼의 소망도 남지 않은 입다에게 사람들이, 그것도 민족의 지도자들이 찾아와 도움을 요청한 것입니다. 과연 어떻게 이런 일이 일어날 수 있었을까요?

입다가 인생의 온갖 쓴맛을 보던 때에 이스라엘 민족은 헛된 우상을 섬기고 있었습니다. 쾌락에 빠져 자기만족을 추구하고 있었습니다. 오직 입다만이 고독을 배웠습니다. 사람들이 우상을 만들어 섬길 때 고독했던 입다는 자연스럽게 하나님을 찾았습니다. 하나님의 사랑에 목말라했습니다. 그리고 자신을 향한 하나님의 계획을 깨닫게 되자 과거에 매이거나 원망과 미움에 조종 당하지 않기로 마음먹었습니다. 최선을 다해 하나님이 이끄시는 대로 걸어가리라 마음먹었습니다. 그리고 바로 그때 위기에 처한 이스라엘의 사사가 되어 달라는 요청을 받은 것입니다.

인생의 바닥, 하나님을 만나는 기회

많은 사람이 인생의 바닥이라 생각되는 어찌할 수 없는 고통과 절망 속에서 하나님을 만납니다. 이해할 수 없는 아픔이나 느닷없는 실패를 겪고 나서야 삶의 참된 의미를 깨닫습니다. 그러면서 하나님을 진정으로 만나고 신앙이 깊어집니다. 이렇게 어렵고 힘든 시기를 하나님의 사랑과 은혜로 견뎌 내면 담대한 믿음이 생기고 속사람이 자유를 얻습니다. 그러면 위기와 도전을 하나님이 주시는 기회로 바라볼 수 있게 됩니다. 위기 가운데서도 꿈을 성취하는 발판을 발견하고 기뻐하게 됩니다.

이스라엘의 사사가 되어 달라는 요청을 받은 입다는 "하나님이 내 손에 암몬 자손을 붙여 주시면 승리할 수 있다"라고 말합니다. 입다가 과거와 현재에 처했던 삶의 조건과 환경을 생각하면 그에게서 그런 고백이 나왔다는 사실이 믿기지 않습니다.

조건과 상황은 우리가 사용해야 할 대상입니다. 그런데 조건과 상황에 자꾸 의지하면 그것에 묶여 환경의 노예가 되고 맙니다. 한때 입다는 세상에서 가장 불행해 보였습니다. 그러나 묶일 대상이 없었기 때문에 어떤 것에도 얽매이지 않고 하나님을 자유롭게 의지할 수 있었습니다. 그렇게 하나님을 의지하고 순종할 때 새로운 소망의 미래를 바라보며 그것을 취할 수 있음을 배웠습니다.

인생에서 크고 작은 실패와 절망을 만나더라도 낙담하지 마십시오. 하나님은 그 순간을 통해서 우리로 하여금 더욱 하나님을 의지하고 바라보게 하십니다. 하나님과 함께 고개를 넘고 언덕을 올라서면 담대한 믿음의 성장과 함께 속사람의 자유함을 얻게 될 것입니다. 조건과 상황이 우리의 미래를 묶지 못하게 하시는 하나님이 계신다는 사실을 우리는 분명히 알고 있기 때문입니다. 힘차게 도약하는 일만 남았다는 것도 말입니다.

하나님과 함께 인생의 고개를 넘고,
언덕을 올라서면 만나게 되는 자유

떠나지 않고
머무르는
잔잔한 사랑

 숨 가쁘게 달려가다가 어느 순간 잠시 멈춰 삶을 되돌아보면 주변의 이웃들이 눈에 들어옵니다. 오늘 우리가 살아가는 이 세상은 마치 사랑에 대해서 모든 것이 멈춰 버린 것만 같습니다.

직업이 없어서 생계를 이어 가기 어려운 사람들의 한숨 소리, 준비는 되었지만 취직을 하지 못해서 탄식하는 젊은이들의 좌절감과 상실감, 꿈을 이루기 위해서 노력하지만 중도에 포기할 수밖에 없는 사람들의 신음 소리, 꿈을 안고 우리나라에 왔지만 냉대와 배신, 추위에 떨고 우는 외국인 등과 같이 우리가 관심을 가지고 다가가야 하는 사람들이 얼마나 많은지 모릅니다. 인간의 모든 불행과 고통, 그리고 고독과 두려움은 언제나 해결되지 않는 미완의 숙제입니다.

세상을 바꿀 유일한 것

그러나 하나님께는 세상을 변화시킬 수 있는 방법이 있습니다. 그것은 바로 '하나님의 사랑'입니다. 하나님의 사랑만이 나를 변화시키고 세상을 바꿀 수 있습니다.

하나님의 사랑은 자신의 가장 소중한 것을 주는 사랑입니다. 자기의 가장 사랑하는 독생자 예수 그리스도를 우리에게 그냥 주시는 것으로 하나님은 사랑을 표현하셨습니다. 이 사랑은 조건이 없습니다. 이 사랑은 이유도 없습니다. 우리를 위해서 모든 것을 거저 주셨습니다. 그러나 우리의 사랑은 많이 다릅니다. 내가 가진 소중한 것을 결코 주지 못합니다. 우리의 사랑에는 조건이 붙습니다. 바라는 것과 기대가 있습니다. 우리의 사랑은 나의 만족과 행복이 전제가 됩니다.

그러나 하나님의 사랑은 무조건적이며 이 세상을 근본적으로 변화시킬 수 있습니다. 하나님이 나를 위해 소중한 독생자 아들을 보내셔서 내가 받을 저주와 허물을 대신하게 하시고 구하셨다는 사실을 진정으로 깨닫고 받아들일 때 인간은 변화됩니

33

다. 이렇게 변화된 사람은 세상을 변화시킬 수 있습니다.

변함없고 지속적인 사랑

하나님의 사랑은 지속적이며 변화가 없는 사랑입니다. 내가 실패할 때도, 내가 죄를 지을 때도, 내가 버림받고 쓸모가 없을 때도, 내가 가진 것이 아무것도 없고 또 연약함으로 고통 중에 있을 때도 이 사랑은 나에게서 떠난 적이 없습니다.

우리를 찾아오는 고통은 내가 받고 있는 사랑을 잃어버리지 않을까 하는 염려에서부터 시작됩니다. 그러기에 이 사랑을 놓치지 않기 위해서 사람들은 노력합니다. 연예인들은 자기에게 사람들의 시선을 집중시키도록 만들고, 운동선수들도 실력을 통해서 사람들의 관심과 사랑이 자기에게 머물도록 합니다. 사랑을 잃어버릴 때 인간은 비참해지기 때문입니다. 그러나 하나님의 사랑은 변함이 없고 지속적입니다. 이러한 하나님의 사랑만이 우리와 세상을 변화시킬 수 있습니다.

서로 사랑하는 것이 마땅하도다

요한 사도는 하나님의 사랑에 대해 "사랑은 여기 있으니 우리가 하나님을 사랑한 것이 아니요 하나님이 우리를 사랑하사 우리 죄를 속하기 위하여 화목 제물로 그 아들을 보내셨음이라 사랑하는 자들아 하나님이 이같이 우리를 사랑하셨은즉 우리도 서로 사랑하는 것이 마땅하도다"(요일 4:10-11)라고 소개하고 있습니다. 요한은 하나님의 사랑이 자신을 변하게 만들었고, 자신을 감사와 감격 가운데 살게 만들었다고 고백하며 그 사랑을 받은 우리 역시 서로 사랑하자고 말합니다. 이처럼 하나님의 조건 없는 사랑만이 인간을 변화시키고, 그 사랑을 흘려보내기 시작할 때 세상은 변화됩니다.

우리를 변화시킨 하나님의 사랑을 다시 발견하고, 잃어버린 용기를 회복해 주님의 사랑을 다시 시작하는 것, 세상을 바꿀 수 있는 유일한 것은 그것뿐입니다.

자유를 주신
진짜
이유

에이브러햄 링컨이 노예를 해방하기 전 뉴올리언스의 노예 시장에서는 아름다운 흑인 혼혈 소녀가 경매에 붙여졌습니다. 경매자들은 평소처럼 입찰을 하다가 군중 속에서 들려오는 강하고 확신에 찬 목소리에 깜짝 놀랐습니다. 그 목소리의 주인공은 계속 가격을 높여 불렀고 경매는 그 사람이 1,450달러에 소녀를 살 때까지 계속되었습니다. 그는 북부에서 온 사람이었는데 소녀는 그의 노예가 되는 것이 너무 싫었습니다. 다음 날 아침 그는 소녀의 집으로 왔습니다. 소녀가 슬픈 목소리로 말했습니다.

"난 당신과 함께 갈 준비가 됐어요."

그러나 그 사람은 소녀에게 어떤 증서를 건네주며 말했습니다.

"아니오. 난 당신과 함께 가길 원치 않소. 나는 당신을 자유롭게 하기 위해서 당신을 샀소. 이걸 보시오. 이것이 당신의 자유를 보장하는 증서요."

소녀는 잘 믿기지가 않아서 큰 소리로 외쳤습니다.

"나를 자유롭게 해 주기 위해서 샀다고요? 정말 자유의 몸인가요? 정말 내가 원하는 대로 할 수 있나요?"

"물론, 당신은 자유요. 당신이 원하는 대로 할 수 있소."

그러자 소녀는 기쁨의 감격에 차서 쉰 목소리로 물었습니다.

"그렇다면 선생님, 남은 생애 동안 당신을 섬길 수 있도록 저를 데려가 주시겠어요?"

그를 따라간 소녀는 진정한 자유의 봉사자가 되었습니다.

복음의 핵심

복음의 핵심은 자유입니다. 예수님이 하늘 보좌를 버리시고 이 땅에 오셔서 고난을 받으시고 십자가에서 죽으신 이유는 우리를 죄에서 자유롭게 하시기 위함입니다. 하나님은 우리를 자유롭게 하시기 위해 자신의 하나뿐인 독생자를 주시며 값을 치르셨습니다. 이 값은 세상의 어떠한 것으로도 치를 수 없는 것입니다. 우리를 사랑하기 때문에 선물로 주신 것입니다.

이 자유는 하나님의 은혜에 의해서 믿음으로 말미암아 우리에게 주어진 것입니다. 그렇기 때문에 누구든지 이것을 자랑할 수 없습니다. 우리는 죄로부터, 사망으로부터, 심판으로부터 자유롭게 되었습니다. 우리는 자유인이 되었습니다. 예전에는 공중 권세 잡은 자의 자녀로서 하나님의 진노를 피할 수 없는 자였지만 이제는 하나님의 자녀가 된 것입니다.

죄의 종이 아닌 하나님의 자녀, 어둠의 권세의 노예가 아닌 자유자가 되었습니다. 사도 바울은 우리에게 강하게 권면했습니다. "그리스도께서 우리를 자유롭게 하려고 자유를 주셨으니 그러므로 굳건하게 서서 다시는 종의 멍에를 메지 말라"(갈 5:1).

그러므로 우리는 우리에게 주어진 자유를 세상의 것을 위해 사용하지 말고 하늘의 가치를 위해 사용해야 합니다. 자유는 링컨에게 자유를 얻은 노예 소녀처럼 그 은혜에 보답함으로 하나님의 뜻을 섬기는 데 사용되어야 합니다. 섬김은 자유의 또 다른 이름입니다. 우리에게 주어진 자유로 성령의 인도하심을 따라 사용해야 합니다. 우리는 주어진 자유로 하나님의 아름다운 것을 지켜야 합니다(딤후 1:14).

이제 우리는 죄의 종이 아닌 하나님의 자녀,
어둠의 노예가 아닌 자유자가 되었습니다.

말씀으로
승리하는
삶

살다보면 어려운 일이 지난 후 더 큰 어려움이 닥쳐올 때가 있습니다. 그것은 모든 용기와 희망을 빼앗아 갈 만한 엄청난 두려움으로 우리를 위협합니다. 이때 우리는 여호수아처럼 하나님의 살아 계심을 믿고 하나님의 능력과 약속을 붙들어 현실을 헤쳐 나가야 합니다. 이것이 여호수아가 현실을 넘어설 수 있었고, 걸림돌을 디딤돌로 삼아 일어설 수 있었던 원리입니다. 현실에서는 희망도 없고, 용기를 낼 수도 없으며, 위로가 될 만한 것도 없지만 오직 주님의 말씀을 의지해서 믿음으로 자기의 길을 걸어간 것입니다.

온전한 순종

"여호수아가 여호와께서 자기에게 명령하신 대로 행하여 그들의 말 뒷발의 힘줄을 끊고 그들의 병거를 불로 살았더라"(수 11:9)는 말씀에는 하나님만을 믿고 따르겠다는 강한 믿음이 담겨 있습니다. 하나님 외에는 다른 어떤 것도 취하지 않고, 하나님의 능력을 믿고 그 말씀을 의지해서 살겠다는 결단의 표현입니다. 부분적으로 하나님의 말씀에 순종하겠다는 것이 아니라 마음과 뜻과 정성을 다하여 하나님의 말씀에 온전히 순종하겠다는 의미입니다. 여호수아의 순종은 바로 이런 것이었습니다. 그러나 그에게도 순종은 쉽지만은 않았을 것입니다.

하나님의 은혜로 전쟁에서 승리했지만, 다가오는 가나안 북부동맹군의 전차와 말의 위력을 보면서 두려울 수밖에 없었습니다. 정말 하나님의 도우심 없이는 이길 수 없는 싸움이었습니다. 그렇게 강력한 위력을 가진 말과 병거였기에 노획한 것들을 취하지 않는다는 것은 무척 참기 힘든 유혹이었을 것입니다.

역사학자 요세푸스는 가나안 북부동맹의 군사는 30만 명의 보병, 1만 명의 기마 부대, 2만 대의 병거로 구성되어 있었다고 말합니다. 1만 마리의 말과 2만 대의 병거는 이스라엘이 남은 전투에서 정말 요긴하게 사용할 수 있는 것이었고 신기하고 놀랄 만한 무기였습니다. 그러나 하나님은 이 모든 것에 대해 이렇게 명령하셨습니다.

"내일 이맘때에 내가 그들을 이스라엘 앞에 넘겨주어 몰살시키리니 너는 그들의 말 뒷발의 힘줄을 끊고 그들의 병거를 불사르라 하시니라"(수 11:6).

포기하라

이는 앞으로의 삶에서 가장 중요하고 요긴한 것을 포기하라는 말씀입니다. 동시에 하나님만을 바라보고 의지하면서 나아가라는 명령입니다. 여호수아가 남아 있는 전투를 생각한다면 노획한 병거를 불태우고 말의 힘줄을 끊어 버리는 것은 정말 어려운 일이었을 것입니다. 이것만 있다면 앞으로 남은 전쟁에 어려움을 이겨 나갈 수 있을 것이기 때문입니다. 하나님께 간절히 기도해서 응답받은 후 욕심이 생겨나기 시작한 것입니다. 하나님도 필요하지만 이것도 중요하다고 생각하면서 합리화시키기 시작합니다. 그리고 포기하지 않고 누리려고 합니다.

하나님은 이것들이 이스라엘 백성에게 필요한 줄 아십니다. 그러나 하나님이 그들에게 보기 원하시는 것은 바로 순종이었습니다. 하나님만을 온전히 순종하는 것을 보고 싶으셨습니다. 결국 여호수아는 하나님께 순종하였고, 하나님은 그것을 보시고,

북부 동맹의 두목이었던 하솔과 그에게 속한 것을 다 불사르고 나머지 성읍의 것은 그대로 보존하게 해서 이스라엘 백성이 취하게 하셨습니다. 하나님은 필요하다고 생각하시면 우리가 멀리 해도, 내가 버려도 다시 갖게 하십니다. 내가 하나님 앞에서 온전히 순종하지 않을 때 눈에 보이는 것은 승리일지 모르지만, 영혼이 욕심과 정욕에 패배하여 결국 버림받게 되는 것입니다.

하나님만 애타게 부르짖어서 하나님의 은혜로 사업에서 회복되고, 건강에서 회복되고, 가정이 화목하게 되었음에도 불구하고 자기 의와 자기 자랑과 자기의 소유 때문에 온전히 하나님께 나아가지 못하는 사람들이 있습니다. 하나님의 은혜와 사랑을 알고, 나에게 병기와 말과 같은 무기가 있다 할지라도 이것을 의지하지 않고 하나님만을 온전히 신뢰하고 믿음의 삶을 살아야 합니다. 여호수아의 공식은 끝까지 하나님의 말씀에 순종하는 것이었습니다.

"여호와께서 그의 종 모세에게 명령하신 것을 모세는 여호수아에게 명령하였고 여호수아는 그대로 행하여 여호와께서 모세에게 명하신 모든 것을 하나도 행하지 아니한 것이 없었더라"는 여호수아 11장 15절 말씀을 통해 여호수아가 얼마나 하나님께 순종했는지 알 수 있습니다.

오늘도 우리는 생존의 전쟁을 치르고 있습니다. 하지만 매일매일 더 치열해지는 삶의 전쟁에서 진정한 승리를 위해 우리가 바라보아야 할 것이 있습니다. 두려움이 주는 현실과 자신의 연약함을 보지 않고, 하나님의 말씀을 듣고 순종하는 것입니다. 말씀으로 두려움을 뛰어넘는 것입니다. 그럴 때 진정한 승리는 찾아올 것입니다.

우리에게 진정 채워져야 할 것은 하나님의 약속과 말씀입니다. 승리 후에도, 실패와 좌절 후에도 그 어떤 것보다 하나님의 약속의 말씀을 붙든다면, 실패와 좌절이 내 인생에 불행으로 남지 않을 것입니다. 나의 승리와 성공이 가장 처절한 눈물의 패배로 이어지지 않을 것입니다.

상처를 치유하고, 내가 감당하기 어려운 문제 앞에 설 때 그것을 풀 수 있는 지혜를 배우고, 감당할 힘을 공급받을 곳이 꼭 필요합니다. 지친 몸과 마음을 쉴 수 있는 곳, 그곳은 어디일까요?

그 십자가의
사랑
앞에서

우리는 돈과 명예, 지식이 생기고 사람들의 존경과 칭찬을 받게 되면 그것을 자기 노력으로 이룬 것인 양 생각하며 그것을 주신 하나님께 감사와 영광을 돌리는 일을 잊어버립니다. 하나님께 받는 축복에만 관심이 있을 뿐 정작 그것을 주시는 분이자 모든 것의 근원이신 하나님은 잊어버리는 것입니다.

하지만 이럴 때 우리는 범사에 감사하는 삶의 기준을 바로 세워야 합니다. 내가 살아 있다는 것과 나 같은 죄인을 구원해 주신 근원적인 사랑에 감사해야 합니다. 감사가 없는 사람은 자기중심적이고 자기 업적만 생각합니다. 자신을 자랑하며 자기 힘과 능력과 지혜로 모든 것을 이룰 수 있다고 생각합니다. 신앙생활을 하면서 우리가 잊지 말아야 할 것은 바로 은혜와 감사입니다. 그러기 위해서는 민감해야 합니다.

감사의 회복

감사하는 마음은 하나님의 언약을 기억할 때 회복됩니다. 하나님은 우리 죄를 멸하지 않으시고 언약을 따라 구원하십니다. 내 죄를 사해 주신 그 십자가 앞에서 우리는 주님의 사랑을 기억하고 마음의 문을 열게 되는 것입니다.

체코 단편영화 〈모스트〉는 하나님의 사랑을 잘 보여 줍니다. '모스트'란 체코어로 다리를 뜻하는데, 영화의 배경이 되는 곳이 바로 다리입니다. 이 다리는 개폐식 다리여서 일정한 시간에 다리를 열면 그 아래로 배가 지나갈 수 있지만 다리가 연결되어 있을 때는 다리 위로 기차가 지나가게 되어 있습니다.

어느 날 이 다리를 관리하는 다리지기가 다섯 살 된 외아들을 데리고 일터에 왔습니다. 아이는 근처에서 놀고 있었고 기차가 지나갈 시간이 되었습니다. 다리를 내리려고 하는데 놀고 있던 아들이 보이지 않았습니다. 다리지기는 서서히 다리를 내렸습니다. 그때 다리 쪽에서 아빠를 부르는 아들의 소리가 들렸습니다. 아들을 구하기 위해서는 다리를 내리던 것을 멈춰야 했습니다. 하지만 만약 다리를 내리지 않으면 잠시 후 오게 될 기차에 탄 많은 사람이 죽을 것입니다.

결국 다리지기는 아들의 살려 달라는 소리를 들으면서 다리를 내리고 말았습니다. 사람들을 살리기 위해 자기 아들을 죽이고 만 것입니다. 이것이 하나님의 사랑입니다. 십자가의 사랑 앞에 설 때 우리의 신앙과 감사한 마음이 회복됩니다.

삶에 감사와 은혜가 사라졌다면 주님이 하신 놀랍고 아름다운 일을 인정해야 합니다. 은혜가 풍성하신 주님, 꺼져 가는 등불도 끄지 않으시는 주님의 이름을 불러야 합니다. 그리고 나를 위해 행하신 놀라운 일을 고백해야 합니다. 잃어버린 감사의 제목을 찾고 주님이 베푸신 큰 은혜를 감사로 응답한다면 더 많은 감사의 고백들을 갖게 될 것입니다.

나를 향한
하나님의
사랑

관계를 맺을 때 사랑은 더 커집니다. 관계의 기쁨은 고된 삶을 헤쳐 나갈 수 있는 힘을 공급해 줍니다. 어떤 목적을 위해 무거운 돌을 들어 옮겨야 할 때 반드시 해야 할 일인 줄 알지만 몹시 고통스럽고 힘이 드는 것이 사실입니다. 그러나 사랑하는 내 아이를 업고 가는 일이라면 그 무게가 무겁지만 적어도 아이 때문에 고통스럽고 힘들다는 생각은 하지 않을 것입니다. 그것은 자녀를 사랑하는 부모로서 감격과 기쁨이 있기 때문입니다. 관계를 위해 기꺼이 수고하고 희생할 수 있는 것은 상대방을 사랑하는 마음 때문입니다. 기쁨과 사랑이 없다면 인생은 고통스럽고 힘들게 버텨 내야 하는 괴로운 시간일 뿐입니다.

사랑의 정의

사랑에 대한 여러 가지 정의를 많이 내릴 수 있지만 고린도전서 13장은 성경이 말하는 사랑을 소개하고 있습니다. 특히 13장 7절 말씀처럼 "모든 것을 참으며 모든 것을 믿으며 모든 것을 바라며 모든 것을 견디는" 사랑만이 진정한 사랑이라면, 누가 제대로 사랑을 할 수 있을까요. 사랑할 줄 모르는 우리를 위해 사도 요한을 통해 성경은 쉬운 방법을 알려 주고 있습니다.

사도 요한은 요한일서 4장 10절에서 "사랑은 여기 있으니 우리가 하나님을 사랑한 것이 아니요 하나님이 우리를 사랑하사 우리 죄를 속하기 위하여 화목제물로 그 아들을 보내셨음이라"는 말씀을 통해 사랑을 고백하고 있습니다. 죄로 말미암아 죽음이라는 영원한 형벌만 기다리고 있는 우리였기에, 이 죄의 문제를 해결하는 것이 가장 필요하고 시급했습니다. 불행히도 인간 스스로는 이 문제를 해결할 수 없었습니다. 이것이 인간의 한계이자 절망이었습니다. 그런데 하나님이 우리의 필연이던 죽음의 저주와 영원한 형벌을 면케 하시려고, 당신의 가장 소중한 아들 독생자 예수 그리스도를 십자가에 못 박아 죽게 하셨습니다. 이것이 사랑이라고 사도 요한은 외치고 있습니다.

사도 요한은 사랑의 기준이 나에게 있지 않고 상대방에게 있음을 알았습니다. 내가 사랑하는 대상이 가장 복되고 아름다워지고 성장하며 구원을 얻도록 하는 것이 사랑임을 깨달은 것입니다. 기준이 어디에 있느냐는 사랑을 설명하는 데 가장 핵심적인 요소입니다.

영어 'like'(좋아하다)와 'love'(사랑하다)의 차이도 이것을 보여줍니다. 'like'는 기준이 자기에게 있습니다. 상대방으로 인해 내가 즐겁고 스스로 기쁘고 만족스러운 것입니다. 여기에는 결단이 없고 헌신도 필요 없습니다. 내게 좋은 것을 좋아할 뿐입니다. 그러나 'love', 진정한 사랑은 기준이 나에게 있지 않습니다. 상대방에게 있습니다. 나보다 상대방이 성장해야 합니다. 상대방이 즐거워야 하고 만족스러워야 합니다. 나를 통해서 사랑하는 대상에게 이런 일들이 일어나기를 바라는 것입니다. 그래서 이 일에는 지속적인 결단이 필요합니다. 나아가 헌신과 희생이 뒤따릅니다. 그래서 사랑은 어렵습니다. 이것이 사랑의 본질이자 사랑하는 삶의 모습입니다. 이 사랑의 기쁨은 하나님이 주십니다.

사랑으로 시작하는 감사

유명한 설교가인 할록 목사가 배를 타고 서인도제도를 여행할 때 직접 목격한 사건입니다. 갑판 위에서 공놀이를 하던 어린아이의 공이 그만 바다로 빠져버렸습니다. 이를 본 아이의 개가 그 공을 줍기 위해 바다로 뛰어들었고, 아이가 자신의 개와 공을 구해 달라며 울기 시작하자, 아이의 아빠는 선장을 찾아가 배를 멈추고 개를 건져 달라고 부탁했습니다. 그러나 선장은 개 한 마리 때문에 배를 멈출 수 없다며 거절합니다. 그러자 아이의 아버지가 바다로 뛰어들었습니다. 선장은 할 수 없이 배를 멈추게 한 뒤 아이의 아빠를 구출했습니다. 공과 개와 사람 모두 무사히 배위로 올라왔습니다. 이 사건을 보면서 할록 목사는 생각했습니다. '공이나 개는 배를 멈추게 할 수 없어도 사람은 배를 멈추게 할 수 있구나!'

하나님은 우리를 바라보며 심판의 큰 역사의 항로를 바꾸시고 우리를 건져 주셨습니다. 이것은 하나님께서 우리들을 얼마나 귀하고 아름답게 여기시는지 보여 줍니다. 우리를 사랑하셔서 독생자 예수 그리스도를 주신 하나님의 사랑을 기억한다면 우리는 인생에서 감사를 발견하지 않을 수 없을 것입니다.

나를 위한 주님의 죽으심과 부활을 생각할 때 우리가 꼭 돌아보아야 할 것은 바로 우리를 향하신 하나님의 사랑입니다. 십자가를 볼 때마다 나 대신 죽임 당하신 예수 그리스도의 사랑을 기억한다면 나를 향한 그 사랑으로부터 감사는 시작될 것입니다.

절망의
자리에서
희망으로

 머레이 셀렘이라는 극작가가 있었습니다.
그는 삶 속에서 감사를 통해 큰 변화를 경험한 사람이었습니다.
그의 할머니는 하루에 백 번 이상 "하나님, 감사합니다"라고 외
치며 살았습니다. 하루에 백 번 이상씩 "하나님, 감사합니다" 하
고 외치려면 좋은 일이 있을 때만이 아니라 나쁜 일들 속에서도
감사를 고백해야만 합니다.

머레이가 다섯 살이 되어서 학교에 가게 되었을 때의 일입니다.
학교에서 백인 아이들이 흑인 아이를 무시하며 놀리기 시작했습
니다. 그때 학교에 가기 싫어했던 머레이에게 할머니는 백인들
이 놀릴 때마다 "하나님, 감사합니다" 하고 말하라고 했습니다.

머레이는 그 말을 듣고 말도 안 된다고 일축해 버렸습니다. 그런데 며칠 후 백인 아이들 여럿이 몰려와서 머레이를 흑인이라고 놀렸습니다. 머레이는 울음을 참으려고 이를 악물었지만 결국 눈물을 흘렸습니다. 속에서 분노가 치솟아 오르고 견딜 수 없어서 어떻게 해야 할지 몰랐습니다.

그때 할머니가 생활 속에서 늘 하던 고백이 생각났습니다. 머레이는 이 상황에서 할 수 있는 것이 없어서 "하나님, 감사합니다" 하고 외치기 시작했습니다. 그가 얼마쯤 감사를 반복했을 때 이상한 일이 일어났습니다. 울음이 그치고 분노가 사라졌습니다. 시간이 조금 더 지나자 마음이 편안해지면서 친구들이 무슨 이야기를 하든 자기에게 아무런 영향을 주지 못하는 것을 경험하게 되었습니다.

감사의 능력

감사의 신비로운 능력을 삶 속에서 경험하게 된 머레이는 그 후 계속해서 작은 일 하나하나에, 그 일이 자기에게 좋은 일이든 나쁜 일이든 "하나님, 감사합니다" 하고 외치게 되었습니다. 그렇게 외치면서 감사가 더 큰 감사로 변했고, 어렵고 나쁜 일의 영향이 마음을 지배하지 않았으며, 신비로운 평안함을 경험하게 되었습니다. 머레이는 이러한 경험을 통해 자신은 유능한 극작가가 될 수 있었노라고 고백했습니다.

감사하면 할수록

우리는 감사하는 마음이 얼마나 좋은지 잘 알고 있습니다. 그리고 그것이 얼마나 내 삶에 유익을 주는지도 머리로는 잘 알고 있습니다. 그런데 우리가 놓치기 쉬운 한 가지, 감사에 대해 잘못 생각하는 것이 있습니다. 그것은 감사한 일이 있어야 감사하는 마음이 들고, 그다음에야 감사의 표현이 이루어질 수 있다는 것입니다. 그러나 감사에 대한 인간의 심리와 행동에 대해서 연구한 전문가들은 감사는 자석과 같아서 감사하면 할수록 더 많은 복이 모인다고 말합니다.

　누가복음 17장을 보면 예수님께 고침 받은 나병환자 10명의 이야기가 나옵니다. 예수님께 고침을 받은 나병환자 중 1명 만이 다시 예수님께 감사를 표현하기 위해서 찾아왔습니다. 예수님은 그에게 구원을 선포하셨습니다. 아마 나머지 9명도 감사의 마음을 품었을지 모릅니다. 그러나 그들은 구체적으로 감사를 표현하지 못했습니다. 그러나 가던 길을 멈추고 다시 예수님께로 돌아와서 구체적으로 감사의 마음을 표현한 사람에게 예수님은 놀라운 은혜와 더 큰 감사의 제목을 넘치게 하셨습니다.

　　주님이 베푸신 은혜에 감사하는 마음을 어떻게 표현할 수 있을까요? 감사는 구체적으로 표현하기 전까지는 열매를 맺지 못합니다. 시간과 물질, 주신 달란트와 모든 것을 가지고 하나님께 감사드리며 그 은혜에 구체적으로 응답할 때 하나님의 넘치는 사랑 가운데 거하게 됩니다.

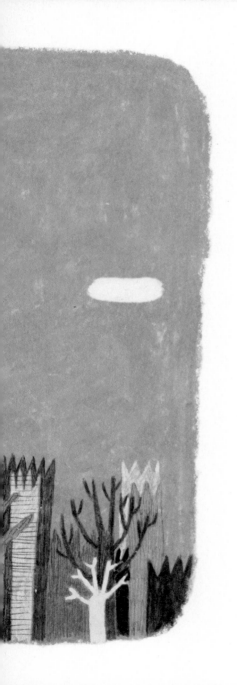

지속적이며 변함이 없는
유일한 것은 나를 향한
하나님 사랑입니다.

2부

어디로 갈지 몰라도 괜찮아

주님이 네 길이 되어 주시니까

함께하시는
주님이
계시기에

가끔 삶의 한가운데에서 모든 것을 되돌리고 싶은 때가 있습니다. 마치 컴퓨터의 리셋 키를 누르듯이 새롭게 시작했으면 합니다. 깨어진 꿈, 무너진 삶, 상처와 아픔으로 뒤엉킨 삶을 보며, 어디서부터 어떻게 풀어야 할지 알 수 없는 막다른 길에 서서 '절망'과 '포기'라는 두 단어를 떠올리며 모든 삶의 줄을 놓고 싶은 충동을 느낍니다.

기독교를 기독교답게

유대인들이 나라를 잃고 지낸 세월이 이천 년이나 되지만 오늘날

열강들 틈에서 당당하게 살아갈 수 있는 이유는 두 가지 사실을 기억하고 있기 때문입니다. 그것은 '역사'와 '자기 정체감'입니다. 제2차 세계대전 당시 나치에 의해 6백만 명이나 되는 동족이 가스실에서 죽임을 당했을 때 유대인들은 다음과 같이 외쳤습니다.

"독일을 용서하자. 그러나 잊지는 말자."

용서함으로 과거에 얽매이지 않으면서도, 잊지 말고 기억하자는, 즉 역사를 교훈으로 삼자는 것입니다.

우리도 마찬가지로 예수님을 믿는 사람으로서 반드시 잊지 말아야 할 것이 있습니다. 우리의 삶이 계획대로 되지 않고 헝클어지고, 기가 막힐 웅덩이에 빠질지라도 잊지 말아야 하는 것이 있습니다. 그것은 바로 예수님이 부활하셨다는 사실입니다. 이것은 기독교를 가장 기독교답게 하는 사실입니다.

부활의 영성

우리가 죽음의 골짜기와 구렁텅이 인생을 살지라도 부활하신 예수님을 의지할 때 다시 시작할 수 있습니다. 그 부활의 영성으로 우리는 인생을 다시 써 내려갈 수 있습니다. 부활의 주님을 바라볼 때 두려움과 걱정, 외로움과 고독, 허탈함과 낙심의 자리를 박차고 일어나서 인생의 새로운 페이지를 써 내려갈 수 있습니다. 왜냐하면 부활의 영성으로 살아가는 자에게는 자신의 인생행전을 다시 써 내려갈 수 있는 세 가지 이유가 있기 때문입니다.

부활의 영성으로 사는 자에게는 첫째, 두려움과 불안함을 이기게 하는 평강이 있습니다. 우리 죄를 대신해 죽으시고 부활하신 주님이 삶의 참된 주인이심을 믿는 자는 주님의 계획을 신뢰하며 평강 가운데 삶을 살아갈 수 있습니다. 지금 두려운 문제에 갇혀 있다면 부활의 주님을 떠올려 봅시다.

둘째, 하나님의 사명이 있기 때문입니다. 이 땅 가운데 자신이 해야 할 사명 없이 삶의 초점을 잃어버린 사람들에게 삶은 지루하고 고달플 따름입니다. 사명이 있는 자는 고통과 어려움이 있어도 삶의 의미를 깨닫고 견뎌 냅니다. 힘들지 않습니다. 지치지 않습니다. 부활의 영성으로 살아가는 자에게는 하나님이 보내신 평화의 사람으로 살아갈 사명이 있습니다. 그 사명으로 살아갈 때 삶의 의미를 발견하고 고통 중에서도 참된 기쁨을 찾아낼 수 있습니다.

셋째, 우리와 늘 함께하시겠다는 하나님의 약속이 있기 때문입니다. 부활 승천하신 후에 제자들에게 가장 두려운 것은 예수님이 그들을 두고 떠나가는 것이었습니다. 하지만 우리 주님은 우리를 고아와 과부처럼 버려두지 않겠다고 약속하셨습니다. 외로울 때, 힘들 때, 지칠 때 그 약속을 붙들고 주님이 우리와 함께하신다는 사실을 기억하면 부활의 기쁨을 평생 누릴 수 있습니다.

주님이 주신 사명은 나와 함께하시는 주님이 계시기에 이룰 수 있는 것입니다. 주님이 주신 평안이 우리에게 임하기를 소망합니다.

결코 흔들리지 않는
믿음의
반석

예수님은 공생애 마지막에 가이사랴 빌립보에 제자들을 데리고 갔습니다. 예수님은 사람들이 자신에 대해서 무엇이라고 말하고, 누구라고 알고 있는지 질문했습니다. 제자들은 "더러는 세례 요한, 더러는 엘리야, 더러는 예레미야나 선지자 중에 하나라고 합니다"라고 대답했습니다. 예수님은 그들의 대답에 별로 관심이 없습니다. 도리어 예수님은 2년간 함께 먹고 마시며 여러 가지를 배우고 체험하였고 또 이제는 십자가의 고통과 죽음을 앞에 둔 이 상황에서 제자들이 자신을 누구라고 생각하는지 물어보십니다. 예수님은 어떤 대답을 듣고 싶으셨을까요? 그때 예수님의 제자 베드로가 이렇게 대답니다.

"주는 그리스도시요 살아계신 하나님의 아들이십니다"(마 16:16).

그리스도를 영어로 'The Christ'라고 하는데, 영어에 정관사가 붙어 있는 것은 이미 정해진 어떤 대상을 의미합니다. 즉 우리가 알고 있고, 기다리고 있는 그리스도라는 의미입니다. 예수님께서는 이렇게 말씀하십니다.

"내가 네게 이르노니 너는 베드로라 내가 이 반석 위에 내 교회를 세우리니 음부의 권세가 이기지 못하리라"(마 16:18).

예수님이 우리가 기다려온 메시아이며 그 메시아인 주님은 우리를 다스리고 통치하시는 분이며, 또한 우리를 보호하시는 왕이시며 혼란한 이 세상 속에서 완전한 지식과 진리로 인도하시는 선지자이시며, 그리고 우리의 죄악 슬픔 그리고 고통을 해결하시는 분이라는 고백인 것입니다. 주님은 바로 이러한 신앙고백 위에 교회를 세우시겠다고 선포하셨습니다.

사라진 신앙고백

역사 속에서 교회가 무너진 이유를 생각해 보았습니다. 화려한 예배당은 세워졌지만 바로 이 신앙고백이 사라지고 희미해졌기 때문입니다. 그리고 신앙고백이 형식적이 되고 굳어버렸기 때문입니다. 요즘 시대를 보면 모든 것에 절대적인 것을 인정하지 않습니다. 상대적입니다. 이것이 현대인들의 사고 속에 흐르는 깊이 박혀 있는 생각입니다. 이 사고의 영향을 받으면 예수님을 절대적인 자신의 그리스도, 즉 메시아로 인정하지 않게 됩니다. 무엇을 믿는지, 무엇을 고백해야 하는지를 모릅니다. 우리의 삶이 이러한 고백 위에 세워지지 않는다면 겉모양은 화려해 보이지만 어느 순간 허무하게 무너지게 됩니다.

우리의 신앙고백이 새로워져야 합니다. 만약 주님이 제자들에게처럼 당신에게 물으신다면 어떤 답을 하겠습니까? 베드로의 고백처럼 "주는 그리스도시요 살아 계신 하나님의 아들"이라는 믿음의 반석 위에 우리의 삶을 세워 나가야 합니다.

그 고백 위에 세워진 삶은 결코 무너지지 않을 것입니다. 그 고백 위에 세워진 가정은 결코 무너지지 않을 것입니다. 그 믿음의 고백 위에 세워진 삶은 어떤 상황에서도 흔들리지 않고 시냇가에 심긴 나무처럼 때를 따라 풍성한 열매를 맺어갈 것입니다.

베드로의 고백처럼
"주는 그리스도시요
살아 계신 하나님의 아들"이라는
믿음의 반석 위에
우리의 삶을 세워 나가야 합니다.

시냇가에 심은 나무는
때를 따라 풍성한 열매를 맺습니다.
이것이 하나님의 사랑법입니다.

마지막 순간까지
포기
않기

플로렌스 채드윅은 수영으로 영국 해협
을 왕복한 최초의 여성입니다. 그녀는 1952년 미국독립기념일인
7월 4일 캘리포니아 해안에서 35킬로미터 떨어진 카타리나 섬
에서 본토까지 수영에 도전했습니다. 이것은 무려 16시간 정도
를 먹지 않고, 마시지 않고, 쉬지 않고 수영해야 하는 어려운 코
스였습니다. 상어 떼로부터 그녀를 보호해 주는 배를 제외하면
그녀는 고독한 싸움을 포기하지 않고 해야만 했습니다. 날씨는
몹시 추웠고 해안에 안개가 자욱하게 끼었습니다. 15시간 정도
수영을 한 그녀는 자기를 물에서 나가게 해달라고 호소하기 시
작했습니다. 그때 그녀 근처에서 배에 타고 있던 그녀의 어머니

는 거의 다 왔으니 조금만 견디면 된다고 그녀를 격려했습니다. 그러나 육체적, 정신적으로 탈진한 그녀는 수영을 중단하고 물에서 나오고 말았습니다. 배에 오른 그녀는 해변이 불과 800미터 정도밖에 남지 않았다는 것을 알았습니다. 다음 날 기자회견에서 그녀는 말했습니다.

"눈에 보이는 것은 자욱한 안개뿐이었어요. 만일 캘리포니아 해변이 보였더라면 저는 충분히 완주할 수 있었을 겁니다. 안개가 제 승리를 앗아 갔어요."

절망으로 채운 인생 최고의 순간

우리는 삶 속에서 어렵고 힘든 일을 감당해 나갈 때, 희망이 보이지 않을 때 포기하게 됩니다. 지금 당장 아무리 어려워도 눈 앞에 희망이 보인다면 포기하지 않았을 것입니다.

여호수아를 생각해 보니 그는 모세를 이어 이스라엘 백성을 이끈 어떤 면에서 성공한 사람이었습니다. 평생 섬기고 사랑했던 위대한 모세의 뒤를 이어 민족 최고 지도자 자리에 오를 수 있었습니다. 사람들로부터, 하나님으로부터, 그리고 자기가 존경하고 따르던 모세로부터 그의 믿음과 성품 그리고 능력을 인정받았습니다.

괜찮아,
다시 시작해

인정받는다는 것은 자신의 위치에서 칭송을 받는다는 것인데, 그것은 인간이 느낄 수 있는 최대의 만족과 희열입니다. 여호수아는 최고의 자리에 오른 성공한 인생이었습니다. 그러나 이제 하나님이 약속한 땅 가나안으로 이스라엘 백성을 이끌고 가야 할 여호수아에게 인생 최대의 기쁨과 감격의 순간이 절망으로 가득 찼습니다. 그것은 앞이 보이지 않는 두려움 때문입니다. 현실적으로 무엇을 어떻게 해 볼 수 있는 것이 그에게는 없었습니다. 하지만 여호수아서는 거기서 끝나지 않습니다. 여호수아는 일어섰습니다. 자신에게 주어진 이 현실 가운데 하나님의 약속 외에는 아무것도 바라볼 것이 없지만 여호수아는 하나님의 약속을 현실 속에서 하나씩 확인하며 이루어 가는 삶을 살았다는 것입니다. 여호수아는 말씀에 순종하고, 하나님의 약속을 따라 해야 할 일을 살피고, 나아가야 할 길을 예비하며 미래를 준비했습니다.

하나님의 약속을 증명해 가는 삶

우리의 환경 속에서 아무것도 보이지 않을 때, 절망적이고 고통스러운 상황이 계속될 때 우리는 절망하지만, 그것이 우리의 인생이기도 합니다. 하지만 하나님의 약속을 믿음의 눈으로 바라보고 끝까지 나아갈 때 우리는 하나님의 축복의 약속이 현실 속에서 증명되고 나타나고 있음을 알게 될 것입니다.

우리는 너무나 심각하고 고통스러운 현실, 그래서 모든 것이 끝났다고 느껴질 만큼 절망과 고통이 심각했다고 이야기합니다. 하지만 그런 상황 속에서도 끝까지 하나님의 축복을 자기 삶의 현실을 통해서 이루고 주님께 영광을 돌렸던 사도 바울의 고백을 기억합니다.

"오직 한 일 즉 뒤에 있는 것은 잊어버리고 앞에 있는 것을 잡으려고 푯대를 향하여 그리스도 예수 안에서 하나님이 위에서 부르신 부름의 상을 위하여 달려가노라"(빌 3:13-14).

하나님께서 주신 약속과 축복을 이루기 위해 내가 또 우리가 해야 할 일이 있습니다. 그것은 여호수아와 이스라엘 백성처럼 하나님의 말씀을 통해 그분의 약속을 바라보는 일입니다. 끝까지 포기하지 않고 약속을 붙잡는 것입니다. 우리의 삶에 이루어질 것을 믿음으로 바라보며 가나안을 위하여 계속 한걸음씩 전진해야 합니다.

괜찮아,
다시 시작해

하나님에 의해서
하나님을
위해서

하나님의 자녀들 중에 사명 없이 사는 사람은 한 사람도 없습니다. 그런데 안타까운 일은 하나님이 사명을 위해 존귀한 자리에 우리를 두셨지만 누구나 사명을 감당하지는 못한다는 것입니다.

모세는 하나님이 쓰신 존귀한 자입니다. 그 누구보다 하나님의 사명을 성공적으로 감당한 하나님의 종입니다. 하나님은 이스라엘을 가나안으로 인도하시기 위해 모세를 부르시고 세우셔서 하나님의 일을 감당하게 하셨습니다. 우리는 모세를 통해 어떤 사람이 하나님의 사명을 감당하는 사람인지, 누가 하나님의 사명을 온전히 섬길 수 있는지 알 수 있습니다.

가시떨기나무와 같은 내 모습

모세는 광야의 가시떨기나무에서 주님의 임재하심을 발견했습니다. 연약한 가시떨기나무는 왕궁을 떠난 초라한 그의 모습이었습니다. 하지만 모세는 저주 받은 가시떨기나무와 같은 자신에게 나타나신 하나님의 임재하심을 체험했습니다. 우리가 언제 하나님의 부르심 앞에 순종하게 됩니까? 버려지고 저주 받은 인생과 같은 나를 하나님이 잊지 않고 기억하신다는, 즉 하나님의 임재하심을 바라볼 때입니다.

자기의 힘으로 다 할 수 있다고 장담했지만 자기도 보잘것 없는 인간에 불과하다는 것을 깨달은 모세는 절망에 빠져 더 이상 희망과 변화를 찾지 못했습니다. 그러나 그는 거룩하신 하나님의 임재하심 속에서 "내가 임재해 네 삶을 다시 붙잡아 줄 때 너는 다시 할 수 있다. 비록 가시떨기나무처럼 잠깐 타 버리고 재가 되어 버릴 존재이지만 내가 함께할 때 언제까지나 타지 않고 아름다운 불꽃을 일으키며 거룩하고 아름다운 삶을 살아갈 수 있다"는 메시지를 받았습니다.

우리는 '주님이 내 삶에 임재하셔서 내 삶을 변화시켜 주신다'는 확신과 음성을 들을 때 주님의 뜻에 순종하며 섬기는 사람이 될 수 있습니다. 하나님의 임재를 체험한 사람만이 사명을 감당할 수 있습니다.

나는 누구입니까?

모세는 자기에게 나타나셔서 말씀하시는 하나님이 누구시며 자신은 누구인가를 아는 사람이었습니다. 그리고 하나님과 자기의 관계를 아는 사람이었습니다. 우리 자신이 누구인가는 하나님이 누구신가를 깨달을 때 비로소 알 수 있습니다. 아마 모세는 자신이 민족을 위한 열정, 조국을 위한 헌신, 그것을 감당할 지혜와 능력이 충분한 사람이라고 생각했을 것입니다. 하지만 광야 생활을 통해 자기 자신이 아무것도 할 수 없는 별 볼 일 없는 존재라는 것을 깨닫고는 체념할 수밖에 없었습니다.

그런데 하나님이 그런 체념 속에 살고 있는 모세를 부르셨습니다. 모세는 이미 자기 자신을 잃어버렸습니다. 과거의 모든 꿈도 잊어버렸습니다. 더 이상 자신이 누구인가를 설명해 줄 것이 아무것도 없었습니다. 그래서 그는 하나님께 "당신은 누구십니까? 그리고 나는 누구입니까?"라고 질문합니다.

우리는 자신의 정체성을 소유나 위치에서 찾으려고 합니다. 하지만 진정한 자신의 정체성은 하나님과의 관계 속에서 발견할 수 있습니다. 바로 그 자리에서 우리는 진정한 섬김 사역에 헌신할 수 있습니다. 가정생활, 직장 생활, 그리고 교회 생활 속에서 진정한 나를 발견한 사람은 바로 그곳이 하나님이 임재하시는 거룩한 곳임을 깨달아 섬기는 삶을 살게 됩니다. 자기 자신을 발견한 사람만이 하나님이 주신 사명을 감당할 수 있습니다.

하나님에 의해 훈련된 사람

모세는 40년 동안 애굽에서 지도자로서 모든 훈련을 받았습니다. 그래서 그는 자기 자신이 히브리민족의 구원자로 세워질 수 있다고 믿었습니다. 그의 헌신과 희생, 그리고 사명은 애굽 군인을 죽일 정도로 분명했습니다. 그러나 하나님의 생각은 달랐습니다. 그는 스스로 일꾼이며 사명자라고 생각했는지 몰라도 하나님의 사람은 아니었습니다. 흔히 사람은 자기가 배운 만큼 주장이 강하고, 자기가 인정받은 만큼 자신감으로 충만하기 마련입니다.

그렇게 말과 행위에 능했던 모세는 광야에서 40년 동안 목자로서 살았습니다. 그에게는 이제 체념과 좌절만이 남았습니다. 하나님은 이러한 모세를 다시 부르셨습니다. 하나님이 그에게 훈련시키신 것은 '전적으로 하나님만 의지하는 것'입니다.

우리는 섬김의 일은 은혜를 체험하고 은사를 가진 사람만이 할 수 있다고 생각합니다. 그러나 그것은 착각입니다. 하나님은 내가 무엇을 하겠다는 생각과 내가 무엇을 할 수 없겠다는 생각 자체를 내려놓고 전적으로 하나님만을 신뢰하는 훈련을 시키시고 하나님의 일꾼으로 사용하십니다.

하나님은 언제나 우리를 통해 하나님의 사명을 이루기를 원하십니다. 하나님은 우리의 섬김을 통해 하나님의 교회를 세우고 확장시켜 나가기를 원하십니다. 그 섬김의 자리는 세상의 어떤 것과도 비교할 수 없는 존귀한 자리입니다. 이 땅에서 뿐만 아니라 영원히 기억되고 빛날 영광의 자리입니다.

　　우리가 하나님 안에서 다시 한 번 자신을 발견하고 하나님에 의해 삶의 현장 속에서 잘 훈련된다면 하나님의 사명을 이루게 될 것입니다. 하나님에 의해서 훈련된 사람이 사명을 이룰 수 있듯이 말입니다.

"당신은 누구입니까?
그리고 도대체 나는 누구입니까?"

승리한 싸움에도
반드시 필요한
희생

예수님을 믿고 구원받는 것은 나의 노력이 아닌 하나님의 선물로 주어진 것입니다. 그런데 사람들은 값없이 주신 구원의 선물처럼 생각합니다. 많은 사람들이 우리 삶의 현장에서 가꾸어 나가고, 지켜 나가고, 더 성숙시켜 나가야 하는 믿음의 삶이 저절로 되는 것인 줄로 착각하고 있습니다.

구원은 값없이 받지만 이후에 그것을 지키기 위해서는 믿음의 선한 싸움을 싸워야 합니다. 우리의 신앙을 지키기 위해서는 세상과 싸워야 합니다. 믿음의 승리를 위해서는 나 자신과 피투성이가 되는 싸움을 치러야 합니다. 치열한 영적 전투에서 어둠의 영들과 대적해서 싸우는 희생을 치러야 합니다.

하나님의 훈련 방법

신앙생활은 마치 전투를 하는 것과 같습니다. 그러기에 믿음의 전투에서 이기기 위해서 애쓰고 노력하고 씨름하는 수고가 따릅니다. 한편 전투에서 얻는 승리의 기쁨은 그 무엇보다 큽니다. 감사한 것은 이 믿음의 선한 싸움은 때로 패배의 위험도 있지만 이미 주님이 승리하셨으므로 그 승리를 확인하기만 하면 된다는 것입니다.

믿음의 전투에서 얻은 승리는 우리 입술의 열매로 나타나고 생활 속에서 물질의 사용과 시간의 사용에서 나타납니다. 이 승리는 성령의 열매로 인한 인격적인 변화를 경험하게 하며 진정한 자유함과 참된 행복, 풍성한 삶을 누리게 합니다.

디모데전서 6장 11-12절은 우리가 이 땅에서 영적 싸움으로 부르심을 받았음을 말합니다. "오직 너 하나님의 사람아 이것들을 피하고 의와 경건과 믿음과 사랑과 인내와 온유를 따르며 믿음의 선한 싸움을 싸우라 영생을 취하라 이를 위하여 네가 부르심을 받았고 많은 증인 앞에서 선한 증언을 하였도다"(딤전 6:11-12).

이러한 믿음의 전투에서 승리하기 위해 우리에게는 영적 훈련이 필요합니다. 병사가 전투에서 이기기 위해 날마다 철저한 훈련을 하듯 영적 승리를 위해서는 경건의 훈련이 필요합니다. 하나님은 자기 백성을 독수리가 새끼를 훈련시키듯이 새롭게 만들어 가신다고 말씀하셨습니다.

우리는 말씀과 기도 가운데 삶 속에서 하나님의 손에 의한 영적 훈련을 사모해야 합니다. 그러면 하나님의 사람으로 변화될 것입니다. 그 변화로 새로운 하나님의 은혜를 발견하게 될 것입니다.

신앙생활은 마치 전투와 같습니다. 그러기에 믿음의 전투에서 이기기 위해서 애쓰고 노력하고 씨름하는 수고가 따릅니다.

믿음의 전투에서 얻은 승리는 우리 입술의 열매로 나타나고 생활 속에서 물질의 사용과 시간의 사용으로 나타납니다. 이 승리는 성령의 열매로 인한 인격적인 변화를 경험하게 하며 진정한 자유함과 참된 행복, 풍성한 삶을 누리게 합니다.

하나님과 떠나는
진리의
여행

아프리카에 복음의 여명을 가져온 선교 개척자이자 탐험가이며 의사인 리빙스턴(David Livingston)은 아프리카에서 무려 30여 차례나 죽을 고비를 겪었습니다. 말라리아와 같은 지독한 풍토병에 시달린 것은 물론, 밀림에서 사자에게 습격을 받은 탓에 팔을 제대로 움직일 수도 없게 되었습니다. 말년에는 뇌출혈까지 겪었다고 하니, 그의 삶이 얼마나 고통스러웠는지 짐작조차 할 수 없을 것 같습니다.

이런 일들을 겪으면서 리빙스턴의 마음은 어떠했을지 헤아릴 수는 없지만 강철 같은 믿음의 사람이라고 해도 인생의 위기가 반복된다면 신앙의 혼란을 겪기 마련일 것입니다. 리빙스턴은 많은 고난을 겪으면서 무엇 때문에 가장 힘들었을까요? 저는 '하나님이 정말 나와 함께하시는가?'라는 의구심이 그를 가장 많이 괴롭혔을 거라는 생각이 듭니다.

핍박을 두려워 말라

사도행전 18장을 보면 바울이 고린도에서 복음을 전합니다. 안식일마다 회당에 나가 유대인과 헬라인들에게 복음을 전했습니다. 실라와 디모데가 응원군으로 고린도에 도착하면서 더 큰 힘을 얻은 바울은 '예수님이 주님'이심을 강력하게 선포했습니다. 하지만 그에게 돌아온 것은 공격과 위협, 조롱이었습니다. 마음이 상한 바울은 고린도를 떠나 이방인들에게 복음을 전하러 가겠노라 공언합니다. 그런데 그날 밤 주님은 바울의 꿈에 나타나 "두려워하지 말며 침묵하지 말고 말하라 내가 너와 함께 있으매 어떤 사람도 너를 대적하여 해롭게 할 자가 없을 것이니…"(행 18:9-10)라고 말씀하십니다.

주님의 말씀으로 미루어 봤을 때, 아마도 바울은 고린도를 조용히 떠날 생각이었던 것 같습니다. 하지만 주님은 핍박을 두려워하지 말고 사람들의 반응에 따라 입을 다물지 말라고 말씀하셨습니다. 그리고 주께서 함께 하실 것이니 누구도 그를 해치지 못할 거라고 신변까지 보장해 주셨는데, 주님이 부활하여 승천하시면서 남겨진 제자들과 우리 모두에게 하셨던 그 약속을 다시 한 번 확증해 주셨던 것입니다. 그리고 바울이 새 힘을 낼 수 있도록 소망도 주셨습니다. 사역의 열매가 없고 함께하는 믿음의 사람이 너무나 적은 것에 낙심하던 바울을 향해 "이 성중에(고린도) 내 백성이 많다"고 일깨워 주신 것입니다. 지금은 떠날 때, 그만둘 때, 포기할 때가 아니라고 말씀하십니다. 아직 해야 할 일이 많다고 하십니다. 남겨진 사명, 이뤄야 할 사명이 있다고 말씀하신 것입니다.

이 말씀 덕분에 바울은 지긋지긋해서 진절머리가 날 지경이었던 고린도에서 1년 6개월이나 더 머물며 말씀을 가르쳤습니다. 이 경험은 사도 바울의 삶과 사역에 큰 영향을 미쳤습니다. 디모데후서 4장을 보면, 그는 함께 사역하던 동역자들이 하나둘 자신을 떠나는 것에 힘들어 하면서도, 하나님만은 결코 자신을 떠나지 않으신다는 것을 확신 있게 선포하고 있습니다.

인생의 위기 앞에서

아프리카 선교사로 떠난 지 16년 만에 리빙스턴이 조국인 영국으로 돌아왔을 때, 사람들은 건강을 잃은 리빙스턴이 이제는 편안하게 여생을 보내기를 바랐습니다. 하지만 그는 다시 아프리카로 돌아갈 뜻을 밝히며 이렇게 말합니다. "하나님이 함께 하겠다고 약속하시는 한 저는 언제까지나 아프리카를 섬길 것입니다." 결국 리빙스턴은 1873년 5월 1일 잠비아 방웰루 호수 곁의 텐트에서 생을 마감했습니다. 침대 옆에 무릎을 꿇고 기도하는 자세로 숨진 그의 마지막 일기는 이렇게 끝맺고 있었습니다. "나는 그분의 약속을 믿는다. 그분은 나와 함께 하겠다는 약속을 지키실 것이다."

인생의 위기 앞에서 나 혼자 서 있는 것 같은 생각이 들 때가 많습니다. 지금까지 믿었던 것들이 흔들리며 혼란스러울 때도 있습니다. 그럴 때일수록 우리는 세 가지 진리 위에 견고히 서야 합니다. 모든 것이 흔들려도 우리 하나님 아버지가 함께 하신다는 것과 우리를 위해 십자가에 달려 피와 물을 다 쏟고 돌아가신 예수 그리스도가 계신다는 것, 그리고 이 사실을 늘 깨우쳐 주시고 기억나게 하시며 능력을 주시는 성령님이 함께 하신다는 이 진리 위에 설 때 위기 속에서도 용수철처럼 튀어 올라 하나님이 부르신 길로 온전히 행할 수 있을 것입니다. 우리와 함께 하시는 하나님과 떠나는 진리의 여행은 우리를 늘 설레게 하고 행복하게 할 것입니다.

순간순간
하나님의
뜻 묻기

마지노선(Maginot Line)이라는 말을 들어보
았을 것입니다. 마지노선은 제1차 세계대전 당시 독일에게 막대
한 피해를 본 프랑스가 독일의 공격을 막기 위해 프랑스와 독일
의 국경을 따라 건설한 영구적인 요새입니다. 이 요새는 완벽한
지하 설비와 대전차 방어시설을 갖추고 있었기에, 프랑스는 독
일이 마지노선을 결코 넘지 못할 것이라고 확신했습니다. 그러
나 1940년 5월 독일이 마지노선을 우회하여 벨기에를 통해 침
공함으로써 요새는 아무런 기능을 발휘하지 못했고, 세계 제2차
대전에서 프랑스는 결국 함락당하고 말았습니다.

실패의 원인

프랑스의 마지노선 같은 이야기를 성경에서도 찾을 수 있습니다. 이스라엘은 아이성 전투의 패배를 통해 하나님 앞에서 말씀을 기다리는 믿음의 자세를 갖게 되었습니다. 주님의 말씀을 듣고 선택하는 것이 승리의 중요한 요소임을 철저히 깨달았습니다. 그래서 이후로는 다시 실패가 없을 것 같이 완벽하게 율법을 살피고 영적 무장을 단단히 하게 되었습니다.

그러나 이스라엘 백성은 모양을 바꾼 새로운 시험 앞에서 다시 한 번 실패하게 됩니다. 하나님의 명령을 어기고 가나안 백성인 기브온 사람들과 동맹을 맺고 말았던 것입니다. 이 사건을 통해서 하나님은 말씀으로 무장한 백성들에게 말씀을 쉽게 잊어버리게 하는 것이 무엇인지를 가르치셨습니다. 여호와께 묻지 아니하고 결정하는 것이 실패의 원인이라고 말입니다. 이것은 오늘을 살아가는 우리에게도 동일하게 적용되는 신앙의 원리입니다.

사람들은 자신이 인정받을 때 여호와께 묻는 것을 잊게 됩니다. 이스라엘이 여리고와 아이성을 무너뜨렸다는 소식을 듣고 가나안의 나머지 족속들은 연합하여 전쟁을 준비했습니다. 부담스러운 전쟁을 앞두고 지금 이스라엘에게는 자기편이 없었습니다. 이 때, 기브온 사람들이 뜻밖의 말을 합니다. 이스라엘의 하나님을 승리의 하나님, 위대한 하나님으로 인정하여, 이스라엘 백성은 자기들로서는 도저히 당해낼 수 없는 우수한 민족이라고 높여주었습니다.

　사람에게는 인정받고 싶고, 사랑받고 싶은 욕구가 있습니다. 더구나 외롭고 어려움을 당한 사람들은 그 필요를 채워주고, 존재를 인정해 주면 방어의 벽을 쉽게 내려놓고, 분별력이라는 스위치를 꺼 버리기 쉽습니다. 하지만 이것이 유혹입니다. 신앙 생활을 잘 한다고 인정받는 그 순간 방심하지 말고 철저히 하나님께 물어야 합니다. 그래서 말씀을 묵상하는 큐티가 중요하며 함께 나누고 확인하는 모임이 중요한 것입니다.

하나님께 길을 묻다

사람들은 자신에게 유익이 되는 일이 있을 때 하나님께 묻지 않습니다. "우리가 당신들과 조약을 맺고 당신들의 종이 되겠습니다"라는 말을 들은 후에 이스라엘 백성은 '하나님이 우리에게 무엇을 원하시는가?' 보다 '나에게 어떤 유익이 있을까?'를 생각했습니다. 현실적이고 실용적인 사고의 기준을 갖고 있었기에 자신에게 유익이 되는 일이라면 하나님의 뜻을 묻기 전에 먼저 마음의 결정을 내렸던 것입니다.

오늘날 개인이나 교회가 타락하고 혼란을 겪는 것도 이런 실용주의적 사고가 이유가 되는 경우가 많습니다. 이스라엘 백성이 하나님 앞에서 물어보지 않고 결정했던 것은 자기들의 유익이 우선이었기 때문입니다. 하지만 잘못된 판단을 한 이스라엘은 평생 그 선택에 대한 책임을 지며 살아가야 했습니다.

사람들은 현상적인 것만 보고 판단할 때도 하나님께 묻지 않습니다. 기브온 사람들은 자신들이 멀리서 온 민족이라 속였고, 이스라엘은 그들을 불쌍하게 여겼습니다. 그들의 모습이 남루하고, 가지고 온 물건과 양식에도 곰팡이가 피고, 옷도 떨어진 것을 보면서 그들의 말을 그대로 믿은 것입니다. 그래서 이스라엘은 하나님께 물어볼 필요조차 느끼지 못했습니다. 그러나 눈에 보이는 것이 전부는 아닙니다. 형식도 중요하고 외모도 중요하지만, 드러난 현상만을 가지고 본질을 다 파악했다고 단정 지을 수는 없는 법입니다.

신앙생활의 핵심은 끊임없이 하나님께 물어보는 것입니다. 하나님께 물어보면서 살았던 다윗은 목동에서 왕이 되었고, 하나님의 뜻을 이루는 사람이 되었습니다. 반면 자기 안에 해답을 가지고 스스로 결론을 내리며 살았던 사울은 결국 마지막이 비참했습니다. 하나님께 길을 물을 때 믿음의 승리가 있습니다. 우리는 많은 물음 속에 살아갈 것입니다. 사람들과의 관계 속에서 답을 찾거나 책을 통해서, 혹은 자신이 알고 있는 그 어떤 지식을 통해 물음을 해결할 것입니다. 우리는 아주 사소한 질문이라도 하나님 앞에 가져갈 수 있습니다. 그분의 답을 기대하며 기다리는 동안 우리는 성숙하며 가장 좋은 답을 얻을 수 있습니다.

비전을 향한
믿음의
여정

　　　　　　내일이 없는 사람은 가장 불행한 사람입
니다. 오늘이 아무리 근사하고 신나는 삶이라 해도 내일을 기약
할 수 없는 사람은 불쌍하고 비참합니다. 하지만 오늘이 고통스
럽고 힘들어도 내일에 대한 소망과 미래를 가진 사람은 견뎌 낼
힘이 있습니다. 또한 새날을 기대하는 얼굴에서는 기쁨을 발견
할 수 있습니다. 다시 시작하고자 하는 소망도, 내일을 위한 에
너지도 없이 오늘 닥친 어려움으로 인해 몸과 마음이 지쳐 있지
는 않으십니까? 아브라함의 이야기를 통해 필요한 힘을 얻을 수
있을 것입니다.

걸어갈 길이 더 많은 사람

아브라함은 고향을 떠나 객지에 살고 있었습니다. 그가 살던 시대에 정착할 땅이 없다는 것은 존재의 뿌리가 없는 것과 같았습니다. 아브라함과 그의 아내 사라는 나이가 많으나 자녀가 없었습니다. 그 시대에 자녀가 없다는 것은 미래가 없다는 말과도 같습니다. 객지에서 아버지를 잃고 자녀도 없이, 그리고 걸어온 길보다는 걸어갈 길이 더 많이 남아 있는 사람 아브라함은 이 땅에 아무런 소망도 없는 그저 한 늙은이에 불과했습니다. 그런데 그런 사람이 비전을 가지고, 하나님의 꿈을 이루며 믿음의 조상이 될 수 있었습니다. 그 이유는 아브라함이 하나님의 말씀이 자신에게 다가왔을 때 긍정적으로 반응하고 믿음으로 순종했기 때문입니다. 비록 평범하고 보잘 것 없는 늙은이에 불과했지만, 하나님의 말씀 앞에서 믿음과 순종으로 반응했기에 하나님은 그를 통해 일하셨던 것입니다.

소망은 원래 우리가 가질 만한 것이 아니었습니다. 우리는 죄와 허물로 멸망 받을 수밖에 없고 영원한 형벌을 기다리는 존재였습니다. 그런데 그 인생 그 한가운데로 하나님이 찾아 오셨습니다. 그래서 우리의 인생을 비전과 소망이 있는 인생으로 바꿔 주셨습니다. 우리가 이 놀랍고 은혜로운 사실 앞에서 믿음으로 반응할 때, 하나님은 우리를 그냥 두지 않으시고 아브라함처럼 귀하게 사용하실 것입니다.

하나님과의 관계를 최우선으로

아브라함은 하나님과의 관계를 최우선으로 두었습니다. 아브라함이 본토 친척 아비 집을 떠나라는 하나님 말씀에 순종한 일은 위대한 것이었습니다. 그 당시 본토를 떠나라는 말은 죽으라는 말과 같았습니다. 친척을 떠나라는 것은 즐거움의 관계를 모두 끊으라는 말이었습니다. 아버지 집을 떠나라는 것은 물려받은 가치관과 삶의 패턴을 모두 포기하라는 말이었습니다. 곧 생존을 포기하라는 명령이었던 것입니다. 그럼에도 불구하고 아브라함은 순종하였고, 그 원동력은 최우선으로 생각했던 하나님과의 관계에 있었습니다.

하나님과의 관계에 생명이 있고 소망이 있습니다. 창조주 하나님과 함께하는 삶, 말씀에 최우선 순위를 두는 삶 그리고 순종하는 삶, 이것이 가장 복된 것임을 알기에 아브라함은 이것을 선택했습니다. 하나님은 그런 아브라함을 축복의 통로로 삼으셨습니다.

더불어 아브라함이 믿음의 조상이 된 이유는 하나님의 약속을 붙들고 나갔기 때문입니다. 자신을 통해서 이루실 하나님의 큰 일들을 바라보았습니다. "내가 너로 큰 민족을 이루고"(창 12:2)에서 '큰'이라는 말에는 숫자가 많다는 의미도 있지만 아주 고귀하다는 의미도 있습니다. 큰 민족을 이루게 하시겠다는 말씀은 숫자만 많은 민족이 아니라 위대하고 존귀한 민족을 이루게 하시겠다는 뜻입니다. 아브라함이 처한 상황은 그리 좋지만은 않았습니다. 아버지 데라는 죽었고, 75세의 나이에 자식은 하나도 없습니다. 큰 민족은커녕 자녀도 없는 것입니다. 그리고 아직도 남아 있는 여행길은 너무도 험하고 어렵습니다. 현실은 변한 것이 없는데, 하나님에게 받은 약속은 큰 민족을 이루겠다는 것이었습니다. 그러나 "믿음은 바라는 것들의 실상"(히 11:1)이라는 말씀처럼 하나님의 원대한 꿈을 이룰 수 있을 만한 조건은 전혀 보이지 않았지만, 그럼에도 불구하고 하나님의 약속을 붙들고 나아가는 아브라함을 하나님은 사용하시는 것입니다.

아브라함의 생애에서도 볼 수 있듯이 하나님은 비전의 원천이십니다. 죄 많고 쓸모없던 우리를 사랑으로 인도하셔서 당신의 온전한 형상을 회복케 하시는 것이 하나님의 비전입니다. 그것이 있기에 오늘도 우리는 살아갈 이유가 있습니다. 어쩌면 우리 삶 속에 아무것도 느껴지는 것이 없을지라도 "일을 행하시는 여호와, 그것을 만들며 성취하시는 여호와"(렘 33:2)를 신뢰한다면 하나님의 비전 가운데 우리는 나아갈 것입니다.

어둔 마음을
밝히고
깨우는 자

남아프리카에는 낮은 범죄율로 유명한
바벰바 부족이 있습니다. 현대 문명을 경험하지 못한 이들이 어
떻게 이런 성숙한 모습을 보일 수 있는 것일까요? 방법은 어렵
지 않았습니다. 바벰바 부족은 누군가 잘못을 저지르면, 온 마을
사람이 모여 그 사람의 주위를 둘러섭니다. 그리고 한 사람씩 차
례대로 그 사람이 전에 베풀었던 선행을 말해 줍니다. 처벌해야
할 죄인을 칭찬하는 것입니다. "넌 정말 착한 아이였어", "작년
에 비가 많이 왔을 때, 떠내려가는 우리 집 돼지를 건져 주었지"
등 다양한 칭찬과 격려의 말이 쏟아집니다. 과장하거나 농담하
는 사람은 한 명도 없습니다.

칭찬 릴레이가 끝날 즈음 죄인은 흐느끼기 시작합니다. 그러면 마을 사람들 모두 죄인을 따스하게 안아 줍니다. 그의 죄를 용서하며 위로하고 격려합니다. 이런 시간을 보내고 나면 사람이 바뀌어 다시는 죄를 짓지 않는다고 합니다. 바벰바 부족의 범죄율이 낮은 이유는 바로 여기에 있었습니다.

지혜로운 여인의 힘

사울 왕 때문에 도망자로 지내야 했던 시절 다윗은 나발이라는 지역 유지에게 도움을 청했다가 모욕적인 거절을 당합니다. 이에 격분한 다윗은 배은망덕한 나발을 치고자 군사를 일으킵니다. 그런데 나발의 아내 아비가일이 다윗을 막아섰습니다. 나발은 앞뒤가 꽉 막힌 어리석은 자였지만, 아비가일은 아름다운 외모에 총명함까지 겸비한 현모양처였습니다. 지혜로운 아비가일은 사태의 심각성을 즉시 깨닫습니다. 그리고 예물을 가지고 다윗을 찾아갑니다.

"왕이시여, 간청하오니 제발 참아 주십시오. 복수는 이스라엘의 왕이 하실 만한 일이 아닙니다. 당신이 누구인지 잊지 마십시오. 당신은 하나님이 기름 부으신 사람, 하나님의 자비를 입은 사람입니다. 개인적인 원한 때문에 죄를 짓지 마십시오. 당신은 오직 여호와 하나님을 위해 싸워야 합니다"라며 엎드려 용서를

구합니다.

당시 다윗은 나발에 대한 분노 외에도 정신적 지주인 선지자 사무엘을 잃은 슬픔과 불안에 휩싸여 있었습니다. 이성을 잃은 다윗을 진정시킬 수 있는 사람은 아무도 없었습니다. 그런 다윗에게 한 여인이 찾아온 것입니다.

"원수는 오직 하나님만이 갚으십니다. 하나님은 당신이 하나님을 알고, 하나님 앞에서 당신 자신이 누구인지 알게 하시려고 광야에 두셨습니다. 이 광야에서 당신이 할 일은 오직 하나님의 능력과 신실하심을 깨닫는 것입니다. 어리석은 나발 때문에 당신도 어리석은 자가 되실까봐 걱정이 됩니다. 어리석은 자는 나발 하나로도 충분합니다."

아비가일은 남편을 살려 달라고 빌지 않고 다윗을 향한 하나님의 계획과 인도하심을 이야기합니다. 순간의 분노로 저지르는 복수는 하나님의 사람이 할 일이 아니며, 평생의 오점으로 남게 될 일이라고 말합니다. 또한 다윗이 화해와 긍휼, 축복의 사람이 되어야 함을 일깨웁니다. 하나님은 이 모든 일을 알고 계시니 그분께 맡기라고 간청합니다. 그제야 다윗은 눈을 뜹니다. 자신이 하려던 일이 무엇이며, 어디로 가고 있었는지 비로소 깨닫습니다.

아비가일은 남편과 가족을 살렸습니다. 그뿐 아니라 다윗이 하나님의 사람답게 선택하고 결정하도록 도왔습니다. 우리에게도 아비가일의 충고가 필요합니다. 분노를 충동질하고 마음과 관계를 파괴하는 말은 듣지도, 하지도 말아야 합니다. 우리는 아비가일 같은 사람이 되어야 합니다. 주변의 사람들이 부르심을 회복하고 신실하신 하나님만 바라보도록 일깨우는 사람이 되게 해 달라고 기도하십시오. 주위 사람들이 자신의 정체성과 부르심을 회복하고 신실하신 하나님만 바라보도록 일깨우는 사람이 되게 해 달라고 기도하십시오. 다윗은 아비가일의 충고 덕에 무고한 피를 흘리지 않을 수 있었습니다.

불안과 걱정, 부정적인 감정으로 어두워진 마음을 밝히고 일깨운 아비가일의 통찰력, 하나님의 뜻과 계획을 이룰 수 있게 한 아비가일의 지혜가 더욱 간절히 필요한 때입니다. 우리의 마음과 입술이 선한 영향력으로 쓰임 받을 수 있기를 기도합니다.

뜻을 정한 사람
뜻을 이루는
사람

어느 날 아침 남쪽 밭을 갈러 간다고 아내에게 말한 농부 이야기를 하고 싶습니다. 아침 일찍 농부는 트랙터에 기름을 넣었습니다. 그런데 그는 더욱 많은 기름이 필요했고 그래서 기름을 얻기 위해 주유소로 갔습니다. 주유소로 가는 길에 돼지들이 굶고 있는 것을 보자 그는 옥수수 창고로 갔습니다. 그곳에서 먹이 자루를 발견했고 그 자루들을 보자 감자가 싹이 트고 있다는 것을 알았습니다. 감자를 심을 구덩이를 파기 시작하면서 그는 장작더미를 발견했습니다. 그러고는 집에서 아내가 나무를 원했던 것을 기억해 냈습니다. 그는 몇 개의 나무토막을 주워 모으다가 병든 닭을 발견했고 닭에게 다가갔습니다.

이미 황혼녘이 되었지만 병든 닭을 보며 낙심한 농부는 벌판에 홀로 세워 둔 트랙터에 되돌아가지도 못했다고 합니다.

목적과 우선순위

이 이야기는 우리의 삶에 있어서 분명한 목적과 우선순위의 중요성에 대해 말해 줍니다. 인생을 살아가면서 자신의 야망이 아닌 하나님으로부터 오는 분명한 비전과 그에 따른 목적과 우선순위를 따라 살아가지 않을 때 우리 삶은 뒤죽박죽되며 하나님이 내 삶을 통해 명하신 사명을 감당하지 못하게 될 것입니다.

구약의 인물 다니엘은 분명한 목적과 우선순위에 따른 삶의 모범을 우리에게 보여 주었습니다. 그는 자신의 삶을 통해서 하나님의 영광을 온 세계에 드러냈을 뿐 아니라 포로로 잡혀 온 수많은 이스라엘 백성들로 하여금 하나님의 사랑과 소망을 보게 했으며, 오늘날 우리에게까지 하나님의 뜻을 이루어 가는 사람은 어떻게 살아야 하는지를 보여 주고 있습니다.

다니엘은 삶의 목적을 분명히 정하고 살아갔습니다. 뜻을 정한 다니엘은 자신에게 제공되는 좋은 음식들을 거절했습니다. 그 이유는 삶의 목적을 분명히 하겠다는 것입니다. 즉 하나님의 뜻대로 자신의 삶을 지키고 언약 백성인 주님의 백성으로 살겠다는 목적을 분명히 세운 것입니다. 환경이 주어지는 대로, 내가 편한 대로, 내가 성공하는 길을 따라 사는 것보다 주님의 백성으로 살아가겠다는 것입니다.

분명한 목적이 있는 사람

다니엘은 나라가 망했다고 해서 포기하고 좌절하는 것이 아니라 하나님이 기뻐하시는 나라와 민족, 이 백성의 수치와 황폐함을 회복시키는 그날을 위해 지금 자신의 삶을 정결하고 깨끗하게 해야겠다는 목적을 가지고 있었습니다. 그는 단순히 주어지는 삶을 살아가는 것이 아니라 자신을 이 땅에 두신 하나님의 뜻과 계획을 이루며 살겠다는 분명한 목적이 있는 사람이었습니다.

다니엘은 하나님과의 관계를 최우선순위에 두겠다고 결단했습니다. 다니엘은 총리로서 바쁜 정치인의 삶을 살았지만 하루에 세 번 하나님께 기도하며 교제하는 시간을 다른 것과 타협할 수 없는 최우선순위로 삼았습니다. 이로 인해 생명의 위협이 오는 상황에서도 타협하지 않고 죽으면 죽으리라는 각오로 하나님과의 관계를 지켜 나갔습니다. 다니엘은 그 어떤 관계보다도 하나님과의 관계를 우선하고, 주님 뜻대로 살아가는 것에 삶의 최우선순위를 두었던 것입니다.

하나님 앞에서 후회 없는 시간을 보내기를 원한다면, 나로 인해 하나님의 뜻이 이 땅에 이루어지고 나와 더불어 사는 사람이 풍성함을 누리게 되기를 원한다면 이제 뜻을 정하시기 바랍니다. 의식 없이 환경이 주어지는 대로 반응하면서 사는 것이 아니라 나를 만드시고 창조하신 하나님이 보여 주시는 삶의 목적과 우선순위에 따라 인생을 새롭게 열어 가는 복된 삶이 되시기를 기도합니다.

안전지대를
떠나 말씀
앞으로

　　　　　성경에 나오는 하나님의 사람들은 예외
없이 삶의 순간순간마다 자신의 생각이나 경험을 내려놓고 주님
을 따랐습니다. 하나님께 쓰임 받은 사람들은 하나님의 말씀의
기준을 따라 지금까지 자신이 살아왔던 안전지대를 과감히 떠나
는 믿음의 결단을 했습니다.
이스라엘 민족의 정체성과 운명이 꺼져 가는 등불과도 같은 위
기 상황에서 하나님의 말씀을 확신 속에 붙잡고 하나님 나라를
위해 자신의 삶의 안전지대를 과감하게 떠난 사람이 있습니다.
바로 에스라입니다.

움켜진 것을 버림

에스라는 믿음의 사람이었습니다. 바벨론에 붙잡혔다가 돌아온 이스라엘 백성들을 말씀으로 일깨운 사람이었습니다. 에스라 역시 바벨론 땅에 잡혀간 포로였습니다. 이스라엘에 잡혀간 포로들은 우상을 섬기는 바벨론 땅에서도 믿음을 지키며 살겠다고 굳게 다짐했지만 시간이 흐르면서 바벨론 문화에 융화되고 말았습니다.

그런 와중에 에스라는 한 해를 새롭게 맞이하는 정월 초하루에 예루살렘으로 떠났습니다. 바벨론은 이주민에게 어느 정도의 자유를 보장했습니다. 따라서 이스라엘 포로들은 바벨론에 잘 정착해 그럭저럭 먹고 살만했습니다. 따라서 예루살렘으로 떠난다는 데는 힘겹게 닦은 기반을 모두 버린다는 의미가 담겨 있었습니다. 예루살렘은 아무것도 남지 않은 폐허였습니다. 그러나 에스라는 예루살렘으로 돌아왔습니다. 조상 아브라함이 고향 친척 아버지의 집을 떠나 약속의 땅으로 간 것처럼 말입니다.

사람은 자신의 꿈을 이루고 성공할 수 있는 더 유리한 환경과 상황을 찾아 움직입니다. 좋은 학군을 찾아 이사하고, 더 좋은 환경을 찾아 이민을 떠납니다. 하지만 에스라는 정반대였습니다. 그동안 이루어 놓은 것을 모두 버리고 폐허를 향해 떠났습니다.

익숙한 곳을 떠남

성경은 에스라가 하나님을 잘 아는 사람이었다고 말합니다. 에스라가 알고 있던 하나님의 뜻은 결코 이스라엘 포로들의 바벨론 정착이나 이스라엘 땅의 재건에 있지 않았습니다. 왜 그토록 자신들이 오랜 포로 생활로 인해 고통을 받아야 했는지, 왜 이스라엘이 멸망했는지에 대해 이스라엘 백성들이 깨닫는 데 있었습니다. 하나님은 이스라엘 백성들이 다시는 같은 잘못을 저지르지 않기를 바라셨습니다. 죄의 노예로 살아가면 어떤 결과가 돌아오는지 깨달아 하나님께 다시 돌아오기를 바라셨습니다.

그래서 에스라는 바벨론을 떠났습니다. 하나님이 부르시는 자리로 즉각 나아갈 수 있도록 바벨론이라는 안전지대를 떠났습니다. 익숙하고 편안한 삶의 방식과 가치관을 떠나 하나님의 뜻이 있는 곳을 향해 나아갔습니다.

우리는 자신이 지금 어디에 있는지, 혹시 떠나야 할 때는 아닌지 분별해야 합니다. 떠나는 일은 쉽지 않습니다. 고통이 따릅니다. 그러나 그것이 바로 주님 앞으로 나아가는 길입니다. 우리의 삶이 안전지대를 떠나 하나님의 말씀에 더욱 깊이 순종하는 믿음의 여정이 되기를 기도합니다.

이제 우리는 익숙하고 편안한
삶의 방식과 가치관을 떠나
하나님의 뜻이 있는 곳으로 향해야 합니다.

아픔,
그곳이 바로
우리가 머무를 곳

우리는 모두 다른 사람들과 더불어 살아 갑니다. 나와는 다른 사람들과 살면서 때로는 그들 때문에 고통과 아픔을 겪기도 합니다. 경우에 따라서는 갈등과 다툼 속에 목숨을 잃기까지 합니다. 이러한 인간관계 속에서 그리스도인으로 사는 일은 그렇게 쉽지만은 않습니다. 가까이는 부부간이나 부모와 자녀 사이, 멀리는 교회나 직장, 사회생활 가운데서 그리스도인답게 사는 삶이 어떤 것인지 헷갈릴 때가 많습니다.

하나님이 살아 계신다는 사실과 그 하나님이 나를 사랑하셔서 자녀로 삼아 주셨다는 사실을 믿고 살아가는 그리스도인이 하나님을 믿지 않는 사람들 속에서 어떻게 행동하고 말해야 하는지에 대해 많은 질문을 받습니다. 예수님은 산상수훈을 통해서 우리에게 두 가지 삶의 지혜를 주셨습니다. "너희는 세상의 빛이요 소금이다."

이 말씀은 그리스도인의 위치와 책임과 역할에 대한 가르침을 담고 있습니다.

소금의 가치

성경에서 말하는 소금은 우리의 위치를 알려 줍니다. 우리가 세상의 소금이라는 말씀은 우리가 있어야 할 곳이 바로 이 세상이라는 사실을 말해 줍니다. 그리스도인은 아름다운 곳, 행복한 곳, 기쁨이 있는 천국에서만 사는 것이 아니라 죄악과 어둠과 죽음이 있는 이 땅, 이 세상에서도 살아가야 합니다. 모든 믿는 자들이 머물면서 역할을 감당해야 할 곳은 이 세상이라는 뜻입니다.

그럼에도 불구하고 우리는 힘들고 어려운 곳을 가능한 피하려고 듭니다. 베드로가 황홀한 기분에 사로잡혀 산 위에 집을 짓고 함께 살자고 말했을 때 예수님은 곧바로 산 아래로 내려갈 것을 말씀하셨습니다. 문제가 있고, 고통이 있고, 어려움이 있는 그곳이 바로 우리가 머무르며 주의 뜻을 이루어야 하는 곳이기 때문입니다.

소금은 값이 아주 싸다는 특징이 있습니다. 그래서 소금은 어디서나 흔히 구할 수 있는 물건입니다. 예수님은 우리에게 너희는 세상의 황금이나 다이아몬드라고 말씀하시지 않았습니다. 값싼 소금이라고 말씀하셨습니다. 값싼 소금은 세상에 없어서는 안 될 절대 가치를 지니고 있기도 합니다. 생명과 관계되기에 그 가치는 더욱 값진 것입니다. 그래서 옛날에는 소금을 화폐로 쓰기도 했습니다.

예수님은 이런 소금처럼 우리가 어디서나 쉽게 발견되면서도 없어서는 안 될 꼭 필요한 사람이 되기를 원하셨습니다. 그러므로 우리는 모든 사람에게 꼭 필요하고 요긴한 존재로 쓰임 받는 사람이 되어야 합니다. 특히 생명을 살리고, 생명을 생명답게 하는 일에 있어서는 더욱 그러해야 합니다.

소금은 녹아서 형체가 사라지지만 독특한 맛을 잃지 않고 다른 것을 변화시키는 특징이 있습니다. 소금이 녹으면서 그 맛을 내듯 우리 그리스도인들도 다른 사람들과 더불어 살아가면서 다양한 모습으로 변화될 수 있습니다. 그러나 중요한 것은 그리스도인다운 본질을 잃어서는 안 된다는 것입니다.

세상에 보내신 이유

소금을 음식에 넣을 때는 소금이 그 음식과 꼭 같아지기를 원해서가 아닙니다. 소금의 짠맛이 음식을 맛있게 만들어 줄 것을 기대하며 넣는 것입니다. 세상과 더불어 살아가는 우리 그리스도인들은 많은 경우 세상 사람들에게 동화되거나 세속화되어 버리곤 합니다. 그렇게 그리스도인다운 특성을 잃어버리고 나면 아무런 영향력도 끼치지 못하게 됩니다. 주님은 육신을 입고 우리 가운데 오셨지만 하나님의 아들이시라는 본질은 잃어버리지 않으셨습니다. 우리는 그것을 기억해야 할 것입니다.

소금은 음식이 부패하는 것을 막아 줍니다. 성경은 세상에서 가장 부패한 것이 우리의 마음이라고 말합니다(렘 17:9). 우리의 마음이 얼마나 병들기 쉽고 상하기 쉬운지는 우리 스스로가 잘 알고 있습니다. 그런데 이러한 마음에 하나님의 말씀이 들어오면 부패하지 않고 생기가 되살아나게 됩니다. 나로 인해 가정의 본질이 회복되고, 나로 인해 주변의 부패하기 쉬운 마음이 새로워진다면 그것이 바로 소금과 같은 삶인 것입니다.

이렇게 중요한 소금도 맛을 잃어버리면 그 가치를 상실하고 버려져 사람들의 발에 밟힐 뿐입니다. 세상이 우리를 미워할 때 우리는 우리가 그리스도인이기 때문이라고 생각하기 쉽습니다. 하지만 사실은 우리에게 그리스도인다운 삶의 특징이 없기 때문

괜찮아,
다시 시작해

에 싫어하는 것임을 잊지 말아야 합니다. 주님은 우리가 부패하고 힘든 이 세상에서 소금으로 살아가기를 원하십니다. 그것이 주님이 우리를 세상으로 보내시는 이유입니다.

우리는 얼마나 세상을 맛나게 하며 살고 있습니까? 생각해 보면 아쉬움이 많이 남습니다. 다시 한 번 기도의 자리에서 여호와 하나님을 의지하며 내가 있는 그곳을 맛깔나게 하는 소금의 역할을 잘 감당할 수 있기를 바랍니다.

우리는 모든 사람에게 꼭 필요하고 요긴한 존재로
쓰임 받는 사람이 되어야 합니다. 특히 생명을 살리
고, 생명을 생명답게 하는 일에 있어서는 더욱 그러
해야 합니다.

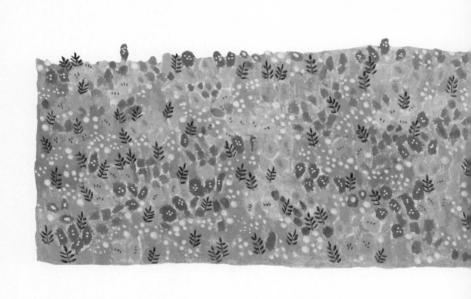

너희를 향한 나의 생각을 내가 아나니
평안이요 재앙이 아니니라
너희에게 미래와 희망을 주는 것이니라

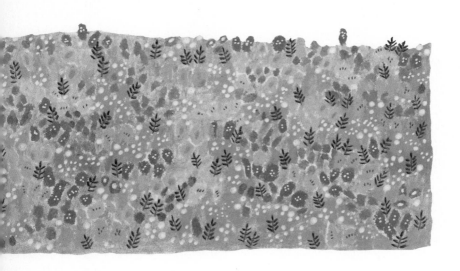

삶이란 고단한 이야기이지만
동시에 정말 놀라운 이야기입니다.

3부

잘하지 못해도 괜찮아

주님이 널 기다려 주시니까

평범한 사람이
전한 놀라운
이야기

제2차 세계대전 당시 일본 역사에 큰 분기점이 된 충격적인 사건이 작은 한 장의 사진을 통해 전달되었습니다. 이 사진은 천황인 히로히토가 연합군 사령관 맥아더 장군에게 허리 굽혀 절하면서 패전을 시인한 사진이었습니다.

복음서에서도 인류 역사상 가장 중요한 사건의 분기점이 된 장면이 지극히 평범한 막달라 마리아를 통해 모든 인류에게 선포되었습니다. 인간의 절대 한계인 죽음의 문제가 예수님의 부활 사건을 통해 해결되었음을 선포하고 있습니다. 막달라 마리아는 하나님의 위대한 일을 이루는 도구로 사용되었습니다. 평범한 여인이 새로운 역사를 쓴 것입니다.

하나님이 사용하시는 평범한 사람

하나님이 사용하시는 평범한 사람은 하나님의 은혜를 아는 사람이 었습니다. 막달라 마리아의 과거의 삶은 일곱 귀신에 사로잡혀서 세상으로부터, 그리고 친밀한 공동체로부터 격리되어 절망적이었 습니다. 자신의 의지대로 행복과 꿈을 누리지 못하고 사탄이 이끄 는 대로 삶을 살았던 그녀가 예수님을 만남으로써 그 모든 속박으 로부터 해방되는 구원의 은혜를 경험하게 되었습니다. 영적인 새 생명을 주시고 개인의 행복을 회복시켜 주신 예수님의 은혜를 아 는 이 여인에게 주님은 가장 위대한 사역을 맡기신 것입니다.

하나님이 사용하시는 평범한 사람은 복음의 능력을 믿는 사 람이었습니다. 귀신 들린 사람들의 일반적인 증거를 토대로 볼 때 막달라 마리아 역시 자기 나름대로 최선의 노력을 다해 자신 의 귀신 들림을 치유하기 위해 노력했음을 짐작할 수 있습니다. 그러나 결론은 복음의 능력이 내 안에 역사하지 않을 때 인간적 인 모든 노력은 미봉책에 불과할 뿐이라는 사실입니다. 귀신이 나간 영혼의 영역에 주님의 복음이 자리 잡을 때, 그리고 하나님 의 소망으로 충만할 때만이 전인적인 구원이 이루어지는 것입니 다. 우리는 바울이 다메섹 도상에서 예수님이 하신 말씀, 즉 " … 사탄의 권세에서 하나님께로 돌아오게 하고"(행 26:16-18)라는 말 씀을 통해 복음의 능력을 충분히 깨달을 수 있습니다.

하나님이 사용하시는 평범한 사람은 예수님을 사랑하는 사람이었습니다. 예수님을 좋아하는 것과 사랑하는 것은 근본적으로 차이가 있습니다. 사랑하는 사람은 모든 기준과 관심이 주님의 뜻을 이루는 데 있습니다. 자신의 유익을 포기하고 주님의 영광을 위해서, 주님의 비전을 이루기 위해서 온전히 증인 된 삶을 살겠다는 희생과 헌신이 담긴 진실한 믿음이 그 기초를 이룹니다. 막달라 마리아의 삶을 보면, 그녀는 주님의 고난의 현장에 항상 동참했음을 볼 수 있습니다. 우리는 주님이 가신 길을 걸어갈 수 있고 흉내 낼 수는 있습니다. 그러나 사역에 대한 열정과 사랑 없이는 진정한 변화와 기적을 만들어 낼 수 없습니다.

주님이 우리에게 위대한 사명과 사역을 맡기신 것은 인류 역사상 가장 중요한 사건이었습니다. 구원의 희소식인 예수 그리스도의 부활의 사건을 증거하고 선포하도록 하시기 위함입니다. 하나님으로부터 위대한 일을 기대하고 하나님을 위해 위대한 일을 실천하는 삶을 살기를 다짐해 봅니다.

하나님이 사용하시는
평범한 사람은
예수님을 사랑하는 사람이었습니다.

헛된 인생을
만지시는
주님

정신의학자 톰 해리스는 사람은 세 가지 상황에서 변화한다고 말했습니다. 첫째, 현재 상황이 너무 괴로울 때 둘째, 소망이 보이지 않을 때 셋째, 유레카의 상황, 즉 무엇인가 새롭게 깨달았을 때입니다. 상황이 어려울수록 깨달음의 정도가 강할수록 변화의 폭과 깊이와 방향은 달라지기 마련입니다. 우리는 우리의 삶에서 변하지 말아야 할 것들은 반드시 지켜야 하고, 변하는 것들 앞에서는 두려워하지 말아야 합니다. 인생 가운데 최대의 변화는 예수 그리스도를 만날 때 일어납니다. 그 만남의 순간, 인생은 180도의 변화를 경험하게 됩니다.

행복의 기준

예수 그리스도를 만날 때 우리에게 일어나는 가장 큰 변화는 행복의 기준이 바뀌는 것입니다. 세상의 행복 기준은 물질과 명예와 권력입니다. 더 많이 가지고, 더 높이 올라가고, 더 화려하게 자신을 드러내야 행복하다고 생각합니다. 하지만 예수님을 만나면 그 모든 것이 헛된 것임을 고백하게 됩니다. 더 많이 나눠 주고, 더욱 낮아지며, 더 많은 사람을 세워 주는 것이 참된 행복의 기준임을 알게 됩니다.

또 예수님을 만나면 위치가 변화됩니다. 땅의 것과 육의 것을 듣고 바라던 사람이 하나님의 음성과 말씀을 바라게 됩니다. 낙심과 불평의 자리에서 가능성을 보고 감사하는 자리로 옮겨 가게 됩니다. 사랑과 관심을 받는 자리에서 다른 사람을 위로하고 사랑하며 평안을 전하는 자리로 옮기게 됩니다. 죽음밖에 보지 못하던 눈이 죽음 너머 부활을 보는 눈으로 변하게 됩니다.

예수님을 만나면 삶의 목적이 바뀝니다. 이전에 자신만을 위해 살던 사람이 하나님을 위해 살게 됩니다.

기적이 일상인 삶

연세대학교 초대 총장 백낙준 박사의 아버지 백사경 씨는 시각장

애인으로 점을 치는 사람이었습니다. 그는 돈을 많이 벌자 아들과 아내를 버리고 다른 여자와 따로 살았습니다. 그러던 어느 날 한 전도자가 그에게 찾아와 "당신의 영혼과 후손들의 장래를 생각해서 점치는 생활을 청산하고 예수를 믿으시오"라고 전도했습니다. 화가 난 백사경 씨는 큰소리를 치며 전도자를 내쫓았습니다. 그런데 그 일 후에 잠만 자려고 하면 "자식 멸망 받을 짓 그만두고 예수 믿고 천당 가시오"라는 전도자의 소리가 자꾸 귀에 쟁쟁거렸습니다. 결국 그는 교회를 찾아와 회개하고 예수님을 믿기로 작정했습니다. 그 후 점쟁이 일을 모두 청산하고 전 재산을 털어 교회를 짓고 자신은 가난하게 살았습니다.

이 소식을 들은 맥힌이라는 선교사에 의해 백사경 씨의 가족은 교회의 사찰로 봉사하게 되었고, 이후 아들 백낙준은 미국 유학을 통해 연세대학교 교수와 초대 총장, 문교부 장관까지 지내는 인생의 변화를 경험하게 되었습니다. 날마다 예수님을 만나면 그 속에서 놀라운 변화를 경험하게 될 것입니다. 예수님을 만나면 인생이 변화됩니다.

날마다 예수님을 만나면 그속에서
놀라운 변화를 경험하게 될 것입니다.
인생 최고의 만남은 '예수 그리스도'입니다.

회복을
선택하는
시간

18세기 고전파를 대표하는 '음악의 신동' 모차르트에게 많은 사람이 배우기를 원하여 찾아왔습니다. 모차르트는 자기에게 음악을 배우려고 하는 사람에게 꼭 한 가지 질문을 반드시 했다고 합니다. 그것은 "당신은 음악을 배운 적이 있습니까?"라는 것이었습니다.

한번은 아주 재능 있는 젊은이가 찾아왔습니다. 모차르트의 질문에 청년은 자신만만하게 대답합니다. "예, 저는 어릴 적부터 피아노를 쳤고, 바이올린도 10년 이상 배웠습니다."

모차르트는 그 청년에게 수업료보다 두 배를 더 내라고 했습니다.

이어서 다른 청년이 면접을 보게 되었는데, 이 청년은 음악을 배운 적은 없지만 열심히 하겠다고 대답했습니다. 모차르트는 미소를 지으며 수업료의 반값만 내라고 했습니다. 먼저 온 청년은 부당한 처사라며 항의했습니다. 그러나 모차르트는 그 이유를 이렇게 설명하였습니다.

"음악을 배운 사람들을 가르칠 때 자신이 잘못 알고 있는 것을 인식시키고 그것을 고치는데 많은 힘이 들어갑니다. 이것은 새로 가르치는 일보다 훨씬 더 어려운 일입니다. 그러나 아직 음악을 모르는 사람에게 처음부터 바르게 음악을 가르치는 것은 쉽습니다. 이 사람은 음악에 대해 순수한 마음을 가지고 배우기 때문에 다른 사람들보다 쉽고 효과적입니다."

이미 가진 것을 버리는 시간

자기 것을 가지고 있는 사람에게 새롭고 더 차원 높은 것을 가르친다는 것은 매우 어려운 일입니다. 이미 자기 속에 가지고 있는 것을 버리는 일이 너무나도 어렵기 때문입니다. 그러나 실패한 후에 자신을 돌아보고 겸손하게 새로운 원리를 배우려고 하는 사람은 성공의 길을 발견할 뿐 아니라, 인생을 사는 귀한 지혜를 얻게 됩니다.

여호수아는 크고 대단한 여리고성을 점령했지만, 작고 보잘 것없는 아이성을 점령하는 데는 실패하고 말았습니다. 지도자가 가장 괴로울 때는, 자기가 섬기는 공동체가 실패해서 그 원인을 찾아야 할 때입니다. 여호수아는 무엇보다 먼저 실패의 원인을 알고 계시는 하나님 앞에 엎드렸습니다. 그리고 하나님의 말씀을 따라서 이 문제를 해결해 나갑니다.

우선 제비뽑기로 지파를 뽑았습니다. 12지파 중 유다 지파가 뽑혔습니다. 가장 명예스럽고 많은 지파의 모범이 되는 유다 지파가 뽑히게 되는데, 이것 자체가 충격의 시작이었습니다. 그리고 계속된 제비뽑기를 통해 아간이 최종적으로 선택되었습니다. 이 많은 백성 중에서 아간이라는 한 사람을 선택하기까지 얼마나 많은 시간이 걸렸는지 모릅니다. 그러나 여호수아는 이 지루하고 힘든 과정을 철저하고 분명하게 밟아 나갑니다. 이 사건을 통해 우리는 여호수아와 아간의 태도를 뚜렷하게 살펴볼 수 있습니다.

갈림길에 서 있는 사람들

여호수아는 하나님의 말씀을 따라서 실패의 원인을 철저하게 규명하여 말씀대로 처리합니다. 이 모든 일이 마무리 된 다음에야 하나님의 맹렬한 진노가 그치게 된 것입니다. 아간은 여호수아와 다른 태도를 보입니다. 하나님은 아간의 이름을 처음부터 말씀하시지 않고, 이 길고 어려운 과정을 밟아 가게 하셨습니다. 그것은 아간에게 회개와 용서의 기회를 주시기 위해서였습니다. 제비뽑기가 진행되는 과정 속에서도 그는 전혀 돌이키지 않았습니다.

우리 인생에도 두 가지 사람이 있습니다. 회복을 위해 다른 선택을 하면서 나아가는 사람이 있는가 하면, 또 다른 실패를 위해서 잘못된 선택을 계속하며 살아가는 사람이 있습니다. 내 생각이 중요한 것이 아니라 모든 것을 다 아시는 주님, 생사화복을 주관하시는 주님 앞에 나아가는 것이 필요합니다. 회복과 구원의 기회를 선택하고 살고 있는지, 아니면 기회를 버리고 살고 있는지 말씀 앞에서 나를 살펴보시기 바랍니다.

성공하는 사람과 실패하는 사람의 차이는 바로 삶의 태도와 자세에 달려 있습니다. 그런데 삶의 태도와 자세를 바꾸기는 참 어렵다는 데에 문제가 있습니다. 태도와 자세는 자신이 죄인이며 무능한 존재라는 사실을 철저히 깨달을 때 바뀝니다. 자신이 대단한 존재이고 무엇인가 크고 놀라운 일을 이루는 사람인 줄 알았는데, 철저하게 연약하고 부족한 존재라는 것을 깨닫고 자기의 의를 내려놓았기 때문입니다. 그리고 하나님을 발견했기 때문입니다.

괜찮아,
다시 시작해

기다림을
무너뜨리는
유혹

우리의 삶은 기다림으로 가득 차 있습니다. 버스가 오기를 기다리는 것, 병이 낫기를 기다리는 것, 배우자를 기다리는 것, 자녀가 태어나기를 기다리는 것, 씨앗을 뿌려놓고 열매를 기다리는 것, 직장이 구해지기를 기다리는 것 등 우리의 인생은 기다림 자체입니다. 첫 눈을 기다리는 것처럼 가끔은 즐겁고 기쁜 기다림도 있습니다. 하지만 대부분의 기다림은 그 자체가 고통스러운 과정이기 때문에 기다림을 좋아하는 사람은 거의 없습니다.

이 기다림은 우리를 쉽게 지치게 만듭니다. 때로는 포기하게 만들기도 합니다. 내 자신이 못나 보이고 무기력하게 느껴집니다. 어떤 경우는 이 기다림을 견디지 못하고 귀하고 복된 나의 아름다운 모습을 스스로 포기하고 폐기처분 할 때도 있습니다. 모든 일에 의미를 상실하게 합니다. 어떤 경우는 내가 가야할 길에서 그 궤도를 이탈하게 합니다. 그래서 인간은 할 수만 있으면 이 기다림이라는 시간을 비켜가기를 원하는지도 모르겠습니다.

기다림은 겸손이다

그러나 기다림이란 것이 우리를 어렵고 힘들게만 하는 것은 아닙니다. 이 기다림은 내가 내 인생의 모든 것을 마음대로 조절할 수 있다고 생각하는 오만을 깨뜨리며 겸손하게 만듭니다. 때로는 기다림을 통해 삶의 새로운 차원이 있다는 것도 알게 됩니다. 그래서 이 기다림은 새로운 창조의 출발선이 되기도 합니다. 오늘날 발견되는 동굴의 벽화들은 나쁜 날씨로 인해 외부 활동을 할 수 없었던 사람들이 동굴 속에서 누군가를, 무엇인가를 기다리는 시간에 그렸던 것들입니다. 아름다운 예술과 문화는 기다림이 있어 더 아름답게 탄생된 것입니다.

어떤 보물은 기다림의 과정을 통해서만 발견될 수 있습니다. 많은 중요하고 위대한 일들이 바로 이 기다림의 시간을 통해서 이루어지고 완성되었습니다. 특별히 하나님 나라의 일은 하나님의 때가 이를 때까지 기다리는 믿음이 필요합니다. 사도 바울은 "우리가 선을 행하되 낙심하지 말지니 포기하지 아니하면 때가 이르매 거두리라"(갈 6:9)고 가르칩니다. 하나님께서 정하신 시간이 될 때까지 포기하지 않으면 하나님의 때가 이를 때에 열매를 거두게 됩니다.

물론 기다림의 시간을 참아내는 것이 쉽지만은 않습니다. 조급함과 초조함 그리고 절망감과 두려움이라는 감정이 더 이상 기다림을 축복으로 이어가지 못하게 만드는 원인이 되기도 합니다. 이 보물을 우리 손에 얻을 때까지, 위대하고 중요한 일을 성취하기까지 참아내지 못하게 유혹하는 악한 세력들과의 싸움도 피해갈 수 없을 것입니다.

예수님처럼

예수님께서는 공생애를 시작하기 전 세례를 받으시고 광야로 기도하러 들어가셨습니다. 이 광야에서 마귀로부터 3가지 시험을 받게 되는데, 이 시험의 핵심은 바로 '십자가 없는 지름길'이라는 것입니다. 즉 쉬운 길, 빠른 길, 기다림이 필요 없는 길, 고통과 수고가 필요 없는 길, 즐겁고 신나는 길을 가도록 유혹하는 것입니다. 마귀는 지극히 높은 산으로 예수님을 데리고 가서 천하만국과 그 영광을 보여 주면서 "만일 내게 엎드려 경배하면 이 모든 것을 네게 주리라"라고 말합니다. 마귀는 영특해서 문제의 핵심을 알고 있었습니다. 십자가를 지지 않고도 왕권을 행사할 수 있다는 제안은 예수님에게도 무서운 유혹이었음에 틀림없습니다.

마귀의 방법은 간단합니다. 한순간에 세상 영광을 얻을 수 있다고 약속하는 것입니다. 쉬워 보이는 길, 빠른 시간에 결과를 얻을 수 있는 길을 제시하며 유혹합니다. 하지만 마귀가 제시하는 방법으로는 결코 하나님의 보물을 발견할 수 없습니다. 고난과 아픔 없이 모든 것을 차지하려는 것은 사단의 속임수이고 그 목적은 우리의 삶을 파괴하고 멸망시키려는 것입니다. 하지만 하나님의 방법은 오래 기다려야 합니다. 때가 될 때까지 기다려야 합니다. 기다림의 기간 동안 오해를 받기도 하고 고통과 모욕을 당할 수도 있습니다. 하지만 꼭 그 과정을 통과해야 합니다. 마침내 예수님은 사단의 유혹을 거절하셨습니다. 그리고 어려워 보여서 누구나 피하기 마련인 길, 기다림의 시간을 보내야 하는 십자가의 길을 선택하셨습니다. 그 기다림이 있어 우리는 구원을 받고 하나님의 백성이 되었습니다.

이제 기다림의 길이 우리 앞에도 놓여 있습니다. 기다림 자체는 너무나도 고통스러운 과정입니다. 하지만 그 시간을 보내고 나면 하나님께서 우리를 위해 준비해 놓으신 아름다운 보석을 발견하게 될 것입니다. 그 보석으로 인해 나같이 부족하고 연약한 인생이 주님께서 메시야 되심을 나타내는 일에 쓰임을 받게 될 것입니다. 그 놀라운 은혜의 자리로 오늘도 나를 초대하시는 주님의 음성을 들으십시오.

기적은
하나님을 만난 사람의 삶 속에서
날마다 일어나고 있습니다.

날마다
하나님과
더 친밀하게

인간은 서로 관계를 맺고 살아갑니다. 관계를 맺는 것은 단순히 더불어 산다는 의미일 뿐만 아니라 생존을 위한 조건이기도 합니다. 매튜 켈리(Matthew Kelly)는 관계의 네 가지 차원을 이야기했습니다.

관계의 네가지 차원
첫째는 육체적인 친밀감인데, 사랑하는 사람들끼리의 신체 접촉은 서로를 더욱 아끼고 사랑하게 할 뿐만 아니라 어린아이의 성장과 발달에서 중요한 역할을 한다는 것입니다.

둘째는 감정적 친밀감입니다. 이것은 자신을 편안하고 숨김 없이 드러낼 수 있고 또 상대방이 드러낸 모습을 비판과 평가 없이 자연스럽게 받아들일 수 있는 관계라고 합니다. 이러한 관계는 자기 자신에 대해 정직하고 겸손하게 인정하고 드러내는 것과 상대방에 대해 진실한 관심을 갖고 관찰하는 것을 통해 형성된다고 합니다.

셋째는 지적 친밀감입니다. 이것은 상대방이 어떻게 생각하는지를 이해하는 차원을 말하는 것으로 이 친밀감은 많은 시간과 다양한 만남을 통해서 이루어진다고 합니다. 오랜 시간 만나고 경험하면서 상대방의 다양한 모습과 그가 자라온 문화, 가정 환경, 독특한 경험등을 알아가고 이해하며 수용하는 것입니다. 이러한 지적 이해를 바탕으로 상대방을 대하게 되고 그가 무엇을 좋아하고 어떤 것에 영향을 받는지, 구체적인 생각이나 의견을 알아가는 관계라고 합니다.

넷째는 정신적 친밀감으로 이 관계는 상대방이 더 나은 존재가 되도록 서로에게 관심과 노력과 자원을 기울이는 단계입니다. 상대를 존중하고 사랑하며, 그가 더욱 아름답고 능력 있는 사람이 되도록 헌신하고 지지해 주는 것을 말합니다. 이 넷째 차원의 관계는 모든 인간관계의 가장 궁극적인 목표이기도 합니다. 즉 서로가 최고의 상태에 도달하도록 서로 돕는 것입니다.

이러한 헌신은 주로 가족관계나 종교적인 헌신에서 볼 수 있습니다. 이 단계는 각 사람이 가장 나은 자신이 될 수 있도록 서로 돕고 세워 나가는 길고 긴 여정이기도 합니다.

삶의 여정을 통해 배우는 친밀감

우리는 모두 관계 속에서 성장하고 성숙합니다. 친밀감이 형성된 관계는 흔들리지 않는 평안과 어려움을 극복할 힘을 공급해줍니다. 그래서 친밀감은 더 나은 자신으로 거듭나기 위해 다른 사람과 더불어 계발해 가야 하는 오랜 여정입니다. 시간과 경험을 공유할 때 친밀감은 조금씩 자라납니다. 그런데 친밀감의 성격은 누구를 만나느냐 또 어떻게 만나느냐에 따라서 달라집니다. 부부는 함께 살면서 친밀감을 쌓아가는 동안에 서로 영향을 주고받으며 생각이나 행동이 비슷해집니다. 그래서 부부를 서로 닮는다고 합니다. 친밀감을 쌓아갈 관계가 없을 때 인간은 쉽게 상처를 입고 깊은 외로움을 느낍니다.

시편 기자는 여호와를 가까이 하는 것이 복이라고 노래합니다. 여호와 하나님과 가까이 지내는 시간을 통해 하나님의 사랑과 성품을 닮아가기 때문입니다. 사람과의 친밀감도 소중하지만, 타락하여 불완전할 수밖에 없는 인간과 달리 완전하신 하나님과의 깊은 교제를 통해서 우리 삶은 하나님이 원래 의도하신 모습으로 만들어져 가는 것입니다. 그렇기 때문에 모든 관계에서 우선순위는 하나님이어야 하는 것입니다.

친밀감은 만남으로부터 시작되어 삶의 긴 여정을 지나는 동안 천천히 만들어집니다. 시간과 마음, 물질을 나누며 서로의 다름을 발견하고 인정하는 고통도 감당해야 합니다. 이런 과정들이 쌓여 나의 인격이 되고 좋은 습관이 됩니다. 또한 하나님과의 관계에서 나의 신앙 인격이 형성되고 신앙의 좋은 습관이 자리를 잡습니다. 성숙한 신앙인과의 만남이 중요한 것도 바로 이러한 이유 때문입니다. 성도의 교제를 통해 아름다운 신앙 유산을 만드는 것도 교회의 좋은 전통입니다.

모든 관계를 통해서 친밀한 영적 관계가 성장하고 성숙하기를 바랍니다. 그리하여 서로가 서로에게 흔들리지 않는 믿음의 언덕이 되어주며, 여호와 하나님께 가까이 나아가는 동반자가 되어 우리 안에 임재하신 하나님 나라를 함께 누릴 수 있기를 기도합니다.

복된 계절에
힘써야
할 일

저에게는 느지막하게 얻은 외동딸이 있습니다. 딸아이는 저에게 자주 요구사항을 말하곤 합니다. 그런데 이 아이가 제게 뭔가를 부탁할 때 보면, '아빠가 내 부탁을 안 들어주면 어쩌지?' 하는 의심을 눈곱만큼도 하지 않는 것 같습니다. 제가 그 부탁을 거절할 때도 많은데, 딸아이는 아빠가 자기 부탁을 들어줄 것이라고 확신해서인지 언제나 당당하게 부탁을 합니다. 때로는 서론 없이 본론을 먼저 꺼낼 때도 있습니다. 아직 무엇을 들을 준비도 되어 있지 않은 아빠에게 말입니다.

아빠와 딸 사이

딸이 이렇게 부탁해 올 때면 제 마음은 다른 아빠들과 마찬가지입니다. 들어주기 힘든 일까지 요구해 올지라도 그런 딸이 한없이 귀엽고 예쁘기만 합니다. 반대로 제 딸이 아닌 다른 사람이 다짜고짜 제 방 문을 두드리며 "목사님, 밥 사 줘요!" 라고 한다면 저는 할 말을 잃을 것입니다. 하지만 "목사님, 제가 지금 사흘째 아무것도 못 먹고 굶었거든요. 제가 염치없다는 거 잘 압니다만, 목사님이 저를 긍휼히 여기셔서 밥 한 끼만 먹여 주시면 안 될까요?"라고 이야기를 한다면 마음이 이내 움직일 것입니다. 듣는 사람의 입장에서 보면 하늘과 땅 차이처럼 여겨지는, 말의 길고 짧음을 통해 지혜롭게 말하는 것이 무엇인지 알 수 있을 것 같습니다.

관계나 성격에 따라서, 굳이 서론이 필요하지 않은 경우가 있습니다. 저와 딸 사이의 대화에는 대부분 서론이 없습니다. 부부간에도 그렇습니다. 조선 시대 양반집도 아닌데 "여보, 죄송하지만…" 하고 대화를 시작하는 부부는 없을 것입니다. 아내에게 눌려 기를 못 펴고 사는 남편이나 갓 결혼하여 서로 조심스럽게 알아 가는 부부가 아니라면, 그냥 편하게 "여보! 쓰레기 좀 버려 줘요"라고 부탁할 수 있습니다. 상대를 향한 믿음과 신뢰, 그리고 건강한 관계가 형성되어 있기 때문에 가능한 겁니다. 하나님과 우리도 마찬가지입니다.

하나님의 열심

느헤미야는 예루살렘의 상황을 알게 된 즉시 기도하기 시작했습니다. 하지만 기도 역시 아무런 기초 없이 그냥 이루어지는 것이 아닙니다. '하나님과의 관계'라는 전제가 있어야 가능합니다. 도움이 필요하거나 하고 싶은 이야기가 있을 때 우리는 누구를 가장 먼저 떠올리게 될까요? 아무에게나 찾아가서 이야기를 쏟아내지 않을 것입니다. 도와줄 만한 사람, 내 이야기를 들어줄 만한 사람을 찾을 것입니다. '저 사람만큼은 내 말에 귀 기울여 줄 거야'라는 믿음이 있어야 발길을 멈추고 입을 열게 되는 것입니다.

기도도 그렇습니다. 하나님이 내 기도를 유치하게 여기실 거라고, 바빠서 내 기도에 응답하지 않으실 거라고 생각하면 결코 기도할 수 없습니다. '하나님은 절대로 내 기도를 무시하지 않으셔! 분명히 내 기도에 신경 쓰실 거야! 하나님과 내가 어떤 사이인데!'라는 믿음과 확신이 있어야 됩니다. 하나님은 우리를 향한 구원의 역사를 한 번도 중단하신 적이 없는 분입니다. 모든 것이 합력하여 선을 이루도록 우리의 삶 가운데 끊임없이 일하시는 분입니다.

사도 바울은 "그리스도의 사랑이 우리를 강권하시는도다 우리가 생각하건대 한 사람이 모든 사람을 대신하여 죽었은즉 모든 사람이 죽은 것이라"(고후 5:14)고 고백했습니다. 사도 바울이 환난과 핍박 속에서도 좌절하지 않고 복음 전파의 길을 걸어 갈 수 있던 것은 하나님의 사랑이 날마다 그를 붙들어 주셨기 때문입니다.

반면 하나님과 제대로 된 관계를 맺지 못한 사람에게는 예배와 성경공부, 기도가 부담으로 다가올 수밖에 없습니다. 그런 사람은 하나님을 두려운 재판관이나 까다로운 직장상사처럼 느끼게 마련이니까요.

기다림의 시간을 보내고 나면
하나님이 준비해 놓으신
아름다운 보석을 발견하게 됩니다.

진정한
쉼의
의미

《몸과 영혼의 에너지 발전소》의 저자인
행동심리학자인 짐 로허 박사는 재미있는 관찰을 했습니다. 그
는 세계 톱 랭킹의 프로테니스 선수그룹과 하위그룹의 선수들에
게 어떤 차이가 있는지를 비디오 분석을 하며 자세히 관찰했습
니다.

그 결과 경기 중에는 선수들이 보여 주는 별다른 차이가 없었지
만 경기와 경기 사이에 두 그룹의 선수들은 뚜렷한 차이가 있음
을 발견했습니다. 대개 스스로 의식하지 못하는 것 같았지만 최
고의 선수들은 게임과 다음 게임 사이에 독특한 행동을 하고 있
었습니다. 그것은 고개나 어깨를 추스르거나, 눈을 지그시 뜨고

어느 한 곳에 집중하거나, 숨을 고르거나 혼잣말을 하는 것 같은
행동이었습니다.

진정한 쉼이 주는 효과

짐 로허 박사는 최고의 선수들에게 원격 심전도 측정 장치를 달게
하고 실험했습니다. 그 결과 경기 중간의 짧은 시간에 심박 수가 분
당 20회 정도로 급속히 떨어진다는 것을 알게 되었습니다. 그리고
이것은 아주 짧은 시간 내에 탁월하게 에너지를 충전하는 기회가
된다는 것도 알아냈습니다. 반면 성적이 낮은 선수들은 별다른 습
관도 없고, 심박 수도 경기 내내 높은 수치를 나타냈습니다. 최고의
선수들은 더 효과적으로 휴식하고 다음 포인트에 잘 대비할 수 있
도록 나름대로 비결을 갖고 있었지만, 쉼이 없는 선수들은 심장박
동수가 늘어나고 근육의 긴장도 더해지면서 경직되어 집중력이 떨
어지면서 좋은 경기를 펼칠 수 없게 된 것입니다. 이 책에서 저자는
'신체적, 감정적, 정신적, 영적 에너지를 잘 관리해야 새로운 삶에
효과적이며 창조적으로 살아갈 수 있다'고 알려주고 있습니다.

창세기 2장을 보면 하나님께서 세상을 6일 동안 창조하시
고 7일째에 안식하신 것을 볼 수 있습니다. 하나님께서 친히 안
식함으로 우리에게 온전한 쉼이 갖는 의미를 말씀해주셨습니다.

쉰다는 것은 여유가 있는 사람의 일일뿐 먹고살기 바쁜 자신과는 아무런 상관없는 것으로 사람들은 쉽게 생각합니다. 하지만 우리를 창조하시고 사랑하시는 하나님께서 안식을 주신 의미를 말씀 안에서 다시 살펴보아야 합니다.

무조건 일하지 않고 잘 놀고 쉬는 것이 안식이라고 생각하는 경향이 있습니다. 그러나 우리의 참된 안식은 쉼을 만드신 주님 안에서만 누릴 수 있는 것입니다. 어거스틴은 '우리 영혼이 당신의 품안에 돌아가 쉴 때까지 나에게 결코 평안이 없었나이다'라고 했습니다. 참된 안식은 주님을 예배하고 주님 안에서 지낼 때에 주어지는 축복인 것입니다.

쉼을 모르는 사람들

사실 우리들은 쉴 줄을 모릅니다. 좀더 정확하게는 쉬는 방법을 모르는 것이지요. 쉰다고 하더라도 참된 안식이 어디에서 오는지 모릅니다. 우리가 살아가는 일상생활 속에 하나님께서 주신 축복을 받아들이고 깨달을 수 있는 것은, 바쁜 삶을 내려놓고 참된 안식을 취할 때 가능합니다. 그리고 그것은 하나님을 예배하고 찬양하는 구별된 삶의 모습 속에 참된 기쁨으로 찾아오는 것입니다.

우리가 멈추어 서서 진정한 주님 안에서 안식의 의미를 찾을 때에 우리를 축복하시기 위해서 마련해 두신 귀한 것들을 발견하게 됩니다. 건강, 가족, 자연, 그리고 바람을 느끼는 감각, 흐르는 땀의 의미, 그리고 웃음, 때로는 눈물, 사랑, 이별, 아픔까지도 나를 위한 하나님의 사랑과 축복임을 깨닫게 됩니다. 일상생활이 귀하고 아름다운 것임을 알게 되는 것입니다.

주님 안에서 잘 쉰다는 것은, 회복의 시간이며 자신을 돌아볼 수 있는 기회이자 현재 자신에게 주어진 일을 다시 한 번 생각하게 되어 좋은 미래를 준비하게 되는 원동력이 되는 것입니다. 주님을 깊이 만나며 주님의 임재와 참된 안식을 경험하여 온전한 재충전의 시간들이 되기를 소망해 봅니다.

괜찮아,
다시 시작해

더욱 깊이,
더욱
간절히

이스라엘과 아랍 간의 6일 전쟁은 너무나 유명한 이야기입니다. 객관적으로 봐도 상대가 되지 않았던 이스라엘 군이 아랍연합군과 싸워서 6일 만에 승리하게 되었습니다. 전쟁 초 이스라엘은 "우리는 공개할 수 없는 최신 무기를 가지고 있다. 우리는 반드시 그 무기 때문에 이길 것이다"라고 말했습니다. 그리고 전쟁이 끝나기 전까지 그 최신무기가 무엇인지 어느 나라정보국에서도 알지 못했습니다. 심지어는 미국의 정보당국이 나섰지만 그 무기가 무엇인지 파악하지 못했습니다. 나중에 전쟁이 끝난 후 이스라엘이 밝힌 최신 무기는 다름 아닌 바로 그들의 신앙이었습니다. 아랍과의 전쟁에서 이스라엘이 승리할 수 있었던 것은 첫째는 유일신 사상, 둘째는 국론통일, 셋째는 제공권 장악이었습니다.

비밀스러운 영적 무기

국가적으로나 개인적으로 여러 면에서 주님의 도우심이 절실히 필요합니다. 우리들의 삶 속에서도 하나님께서 주신 비밀스러운 영적 무기가 필요합니다.

이사야 30장에는 이스라엘 백성이 오랫동안 바벨론의 포로 생활 속에서 낙담과 절망으로 힘들어하는 상황이 나옵니다. 그때 하나님께서는 새 힘을 공급 받고 힘차게 비상하는 비결을 알려 주셨습니다. 어떻게 하면 하나님이 주시는 새 힘을 공급 받아 험한 세상 속에서 지치지 않는 새 힘으로 살아갈 수 있을까요?

먼저, 새 힘을 공급 받기 위해서는 하나님에 대해서 바로 알아야 합니다. 고난과 괴로움이 해결되지 않고 지속될 때 우리에게 나타나는 현상은 하나님에 대한 절대 신뢰가 무너지는 것입니다. 하나님은 말씀을 통해 약속하신 대로 정말 지키시는 분이 맞는지 의심하기 시작합니다. 이렇게 생각하다가는 하나님의 뜻보다는 자기 판단과 생각으로 하나님이 머물라고 명령하신 자리와 사명을 상실하게 됩니다.

괜찮아,
다시 시작해

그러나 이사야 40장 28절 "너는 알지 못하였느냐 듣지 못하였느냐 영원하신 하나님 여호와, 땅끝까지 창조하신 이는 피곤하지 않으시며 곤비하지 않으시며 명철이 한이 없으시며"라는 말씀을 통해 우리는 하나님께서는 이스라엘 백성을 그런 곤고한 사정이나 원통함을 풀어 주기에는 능력이 모자라거나 자신들을 멀리하시는 것이 아니라 그분의 계획 속에서 적절한 때를 기다리시는 분이시라는 것입니다. 하나님은 우리에게 가장 유익한 것이 무엇인지, 언제가 가장 적합한 때인지 알고 계십니다. 그러므로 우리는 말씀을 통해 하나님과 그분의 뜻에 대해 날마다 배우고 알아 가야 합니다.

둘째, 새 힘을 공급 받기 위해서는 날마다 하나님을 앙망해야 합니다. "오직 여호와를 앙망하는 자는 새 힘을 얻으리니 독수리가 날개 치며 올라감 같을 것이요 달음박질하여도 곤비하지 아니하겠고 걸어가도 피곤하지 아니하리로다"(사 40:31)라는 말씀에서 '앙망하다'라는 단어는 '기다리다', '기대하다'를 뜻합니다. 중도에 포기하지 않고 인내하며 꾸준히 기다리는 자세를 말합니다. 이것은 바로 나에게 새 힘을 공급해 줄 수 있는 분이 오직 하나님밖에 없음을 인정하고 주님의 얼굴을 구하며 그 임재 가운데 나아가는 삶을 말합니다. 이러한 삶은 구체적으로 우리의 삶 속에서 예배와 큐티, 기도생활을 통해 구체화될 수 있습니다. 이렇게 날마다 새 힘을 공급 받기 위해 주님의 임재를 사모하며 나아가는 우리에게 하나님은 세상이 감당하지 못할 믿음과 새 힘, 즉 성령의 능력을 공급해 주십니다.

이전과 다른
삶의 비밀,
지혜

헬라어로 시간의 뜻은 두 가지가 있습니다. 그것은 물리적인 시간을 의미하는 '크로노스'와 의미적 시간을 뜻하는 '카이로스'입니다. 하루 24시간, 1년 365일, 약속 시간이 30분 남았다고 할 때 시간은 '크로노스'를 의미합니다. 그런데 임산부가 아이를 출산할 때처럼 인생의 중요한 결정을 통해 삶의 전환을 가져오는 때는 '카이로스'라고 부릅니다. 어떻게 보면 인간은 '크로노스'라는 씨실과 '카이로스'라는 날실 속에 살아가는 존재라고 말할 수 있습니다.

하루가 천년 같고 천년이 하루 같은

우리가 삶을 살아가면서 피하고 싶어도 피할 수 없는 것이 시간임을 깨닫게 됩니다. 시간을 생각하며 무엇보다 가장 안타까운 것은 사람이 태어나는 순서대로 죽음을 맞이하지 않는다는 사실입니다. 태어나는 것은 순서가 있지만 죽는 것은 순서가 없다는 말의 의미를 조금씩 알아 갑니다.

언뜻 보면 우리에게 주어진 시간이 무한할 것 같지만 하루를 자고 일어나면 우리의 시간예금 통장의 잔고가 줄어가는 것처럼 시간은 점차 줄어듭니다. 어떤 날은 나에게 정말 죽고 싶은 하루이지만, 누군가에겐 그 하루가 그토록 살고 싶은 내일이라는 것도 시간의 양면입니다. 시간이라는 것은 우리의 소유처럼 생각되지만 실상은 하나님이 우리에게 빌려주신 것임을 성경을 통해 깨닫게 됩니다. 하루가 천년 같고 천년이 하루 같은 이 시간을 어떻게 하면 가치 있고 지혜롭게 살아갈 것인가 생각하지 않을 수 없습니다.

찰스 스탠리 목사님의 《나의 가치를 높여 주는 지혜》에 보면 바로 이 지혜의 근원 되시는 하나님으로부터 지혜를 얻고, 또 그 지혜 안에 살기 위해서는 어떻게 해야 할지에 답을 찾을 수 있습니다.

지혜롭게 사는 법

첫째, 지혜롭게 살겠다는 확고한 결심을 해야 합니다. 의식적이고 의도적으로 자신이 지혜롭게 살 것이라고 자주 결단해야 합니다. 나의 재물, 나의 가족, 나의 일 등은 시간과 환경에 따라 변하게 됩니다. 이때에도 의식적으로 결단해야 합니다. 말씀에 대한 확신과 헌신과 희생을 각오하지 않고는 이룰 수 없습니다.

다음은, 지혜를 위해 기도하라는 것입니다. 지혜를 위해 하나님 앞에 취할 자세는 겸손과 믿음의 태도로 구하는 것입니다. 야고보서 1장 5-8절 말씀은 우리에게 용기를 줍니다.

"너희 중에 누구든지 지혜가 부족하거든 모든 사람에게 후히 주시고 꾸짖지 아니하시는 하나님께 구하라 그리하면 주시리라."

셋째, 하나님의 말씀에 대해서 묵상해야 합니다. 삶 속에서 심각한 문제를 만나면 말씀 앞에 진지하게 자기를 세워 보아야 합니다. 그리고 이렇게 여쭈어야 합니다. "하나님 이 상황에서 제가 어떻게 해야 합니까? 제가 가야할 곳과 그만 두어야 할 것을 알려 주십시오"라고 말입니다.

넷째, 적극적으로 하나님의 말씀을 순종하고 적용해야 합니다. 우리가 아무리 묵상해도 순종하지 않으면 의미가 없습니다. 믿음의 역사가 일어나지 않습니다. 잠언 10장 8절 말씀에서 "마음이 지혜로운 자는 명령을 받거니와"에서 '받는다'는 것은 능동

태입니다. 하나님의 계명에 수동적이 아닙니다. 자발적인 태도입니다. 바로 순종하는 것입니다.

다섯째, 성령이 깨닫게 해주시는 것에 민감하라는 것입니다. 사람들은 자기 이익과 자기 자존심에 민감합니다. 그러다 보니 성령의 인도하심 앞에 둔해집니다. 세상 정욕에 예민해지면서 성령님의 가르침과 인도하심이 묵살 당하고 짓밟힐 때가 얼마나 많은지 모릅니다. 자신의 목소리가 아니라 성령님의 음성 앞에 민감해야 하는데 말입니다.

여섯째, 하나님의 역사를 살펴봐야 합니다. 우리는 자연법칙에서 일어나는 어떤 사건을 통해서, 또는 다른 사람을 통해서 배울 수 있습니다. 내 삶의 주변에서 일어나는 일 앞에서 내가 배워야 할 것이 무엇이며 하나님께서 어디서, 무엇을, 어떻게 하시는지를 보고 깨달아야 합니다.

마지막으로 지혜로운 자들과 사귀고 그들에게 배우라는 것입니다. 우리의 인생은 얼마나 남았을까요? 내가 오랫동안 알아 왔고, 만났고, 내 육신과 생각을 편안하게 해 준다고 해서 세상의 가치관과 생각을 이야기하는 세상 친구를 멀리하시기를 바랍니다. 영적으로 깨어 있는 이들과 교제하기 바랍니다. 남은 시간이 더 풍요로워질 것입니다.

틀을
바꾸는
순간

사람들의 몸에는 '피'가 흐르고 있습니다. 피가 흐르는 혈액 순환이 잘 되지 않으면 어떤 형태로든 이상 징후가 나타납니다. 혈액 속의 콜레스테롤 수치가 높아져서 혈전이 생기고, 각종 질병이 유발됩니다. 우리 몸속에 대해 이야기한 이유는, 우리 속에 사람이 있음을 이야기하기 위해서입니다. 성경은 우리에게 '속사람'이 있음을 이야기합니다. '겉 사람', 즉 눈에 보이는 육체는 낡아질지라도 속사람은 새롭게 된다고 말합니다(고후 4:16).

속사람의 변화는 어떻게 이루어지기에 육체가 늙고 망가져도 소망을 갖게 된다는 것일까요?

겉 사람과 속사람

누구나 겉 사람과 속사람이 뒤섞인 채로 살아갑니다. 로마서 7장 22절에서 사도 바울이 말한 것처럼 겉 사람은 죄의 법을 좇으며 육적인 것을 추구하지만, 속사람은 하나님의 법을 즐거워해 영적인 것을 추구합니다. 겉 사람은 육체의 소욕과 죄를 추구하지만, 속사람은 예수 그리스도 안에서 죄사함을 받고 새롭게 지음 받아 죄와 죽음과 멸망에서 해방된 자유로운 존재입니다. 사도 베드로는 이를 '숨은 사람'(벧전 3:4)이라고 표현했습니다.

　우리는 거듭난 그리스도인의 내면세계 혹은 심령을 이야기할 때 속사람이라는 말을 사용합니다. 우리의 속사람은 불완전하기에 주님이 다시 오실 때까지 날마다 새롭게 되는 성화의 과정을 반드시 거쳐야 합니다. 성경이 말하는 그리스도의 장성한 분량이 충만해질 때까지 말입니다(엡 4:13). 하지만 우리의 겉 사람은 속사람과 정반대의 삶을 추구합니다. 물질과 성공을 얻기 위해 인간성을 포기하여 인격을 팔며 거짓말과 불의를 일삼습니다. 또한 사람을 쉽게 미워하며 잘 용서하지도 못합니다.

　이처럼 겉 사람은 땅의 것을 바라보고, 늘 자기 자신에게 초점을 두고 살아갑니다. 그래서 겉 사람은 죄의 법을 따를 수밖에 없습니다. 겉 사람과 속사람의 존재 방식과 삶의 방향은 이처럼 서로 반대이기 때문에 끊임없이 충돌하고 갈등합니다. 멋지

괜찮아,
다시 시작해

고 튼튼한 성벽을 지어 '하나님의 도성'이라는 간판을 내걸고 그 안에 들어가 산다고 해서 대적들과의 싸움이 저절로 사라지지는 않는다는 것입니다.

속사람을 새롭게

지금보다 나은 자신이 되기 위해 가장 필요한 것은 돈이 아닙니다. 지식도 아니며, 새로운 직업이나 경력, 혹은 공동체의 단합도 아닙니다. 이스라엘 백성은 "사람이 떡으로만 사는 것이 아니라 하나님 말씀으로 산다"(신 8:3)라는 말씀을 통해, 자신들이 그토록 힘들게 살아온 이유를 발견했습니다. 그동안 자신의 조상이, 하나님의 말씀이 아닌 떡으로만 살아 보겠다고 발버둥 치며 살아왔음을 깨달은 것입니다.

하나님의 말씀은 우리의 안과 밖을 속속들이 되돌아보게 합니다. 일단 자신의 모습을 적나라하게 보게 되면, 지금까지 붙잡고 살아온 인생의 틀을 포기해야 한다는 것을 깨닫게 됩니다. 바로 그 잘못된 틀 때문에 인생 가운데 절망과 두려움이 있고, 썩어 없어질 허무에서 벗어나지 못했던 것입니다. 틀을 바꾸는 순간, 인생을 바라보는 각도가 완전히 달라집니다. 이것이 우리 인생에 커다란 변화를 가져오게 됩니다.

하나님의 관점에서 나 스스로를 볼 수 있게 된다면, 내 자신이 죄인이며 전적으로 무력한 존재임을 알게 되고, 비로소 삶은 하나님의 생명력과 삶의 참된 의미가 부여될 것입니다.

믿음으로
하나하나
차곡차곡

우리에게는 귀하고 소중하게 여기는 보물이 하나쯤 다 있습니다. 온 정성을 기울여서 아끼고 가꾸는 그 보물은 누군가에게는 돈이 될 수도 있고, 다른 사람에게는 자식이 될 수도 있습니다. 자존심이나 지위가 될 수도 있고, 연구 자료나 새로운 발명품이 될 수도 있습니다. 혹은 남들이 가지고 있지 못한 은사가 될 수도 있습니다.

우리의 보물이 내가 가장 소중히 여기는 것이라면 이것을 통해 우리의 인생이 풍요로워지고 힘이 되어야 합니다. 또한 가족이나 이웃, 그리고 우리가 속한 공동체가 함께 그 보배로움과 풍성함을 누려야 합니다.

당신의 보물은 무엇입니까?

그런데 우리가 흔히 보물이라고 말하는 것이 우리 인생을 풍요롭게 해 주지만은 않는 것 같습니다. 한편으로는 이 보물 때문에 더 힘들어지는 경우도 얼마든지 찾아볼 수 있습니다.

롯의 아내는 '재물'에 대한 미련 때문에 소금 기둥으로 변해 버렸습니다. 다윗은 사랑하는 '아들'에게 배신을 당해 수년 동안 쫓겨 다녔습니다. '자존심'은 정신건강에 매우 필요한 요소이지만 자존심 때문에 부부가 이혼을 하기도 하고 원수가 되기도 합니다. 하만(에 3:5)이라는 사람은 자기에게 인사하지 않은 사람을 죽이려 했다가 오히려 자신은 물론 온 집안이 망하게 되었습니다. 주님이 주신 은사 때문에 더욱 교만해졌다면 우리가 보물처럼 생각하는 이 모든 것들이 우리에게 독이 된 것입니다.

성경을 통해서, 또 사람들의 경험담을 귀담아 들으면서 참된 보물은 바로 '아름다운 기억'이라는 사실을 깨닫게 됩니다. 아름다운 기억은 어렵고 힘든 처지에서도 언제든 현실을 이기게 하는 힘이 있기 때문입니다. 우리는 오늘도 수많은 기억들을 만들어 가고, 기억의 창고에 쌓아 둡니다. 만나는 많은 사람들과 사건들이 모두 기억 창고에 저장됩니다. 그것들이 계속 의식 속에 머물러 있든, 아니면 무의식 속으로 깊이 가라앉아 있든 우리 안에 남아 있게 될 것입니다.

기억의 창고에는 두 가지가 있습니다. 하나는 삶을 풍요롭게 하는 아름다운 기억 창고요, 다른 하나는 삶을 부패시키는 쓰레기 같은 기억 창고입니다. 그러므로 "의인의 집에는 많은 보물이 있어도"(잠 15:6)라는 말씀은 "의인에게는 아름다운 기억이 가득하다"라고 이해할 수 있을 것입니다.

그렇다면 보물 창고를 갖고 있는 '의인'은 어떤 사람일까요? 성경에서 말하는 '의'는 주인이신 하나님과 피조물인 인간의 관계가 믿음과 사랑으로 충족되는 것을 뜻합니다. 다시 말해서 하나님을 주인으로 믿고 순종하며 사는 인생이 아름다운 보물 창고를 가진 의인이라는 것입니다.

우리 모두는 아름다운 보석 같은 기억들을 남기고 싶어합니다. 그러나 그것은 오로지 의로운 사람만이 가능한 일입니다. 하나님을 굳게 믿고 신뢰하는 사람 말입니다. 아브라함이 아들 이삭을 제물로 바쳐야 하는 문제에 직면했을 때 그로 하여금 주저 없이 하나님의 말씀에 순종할 수 있게 만든 것은 그를 선하게 인도하시고 신실하게 이끌어 주신 하나님과의 아름다운 기억이었습니다. 아브라함처럼 어려운 문제를 자기감정과 생각대로 처리하지 않고 믿음으로 받아들이고, 말씀대로 행할 때 기억의 창고에 새로운 보석이 쌓여 가는 것입니다.

좋은 기억을 많이 만들고 싶다면 오늘 만나게 될 사람과 사건들을 믿음의 눈으로 바라보고, 하나님이 원하시는 바를 살펴 순종하는 사람이 되어야 합니다. 참되고 아름다운 기억은 오직 믿음 안에서만 다듬어집니다. 어렵고 고달픈 일이 삶을 괴롭게 한다면 그동안 쌓아 두었던 기억의 창고의 보물들을 꺼내서 사용해 보시기 바랍니다. 그 어렵고 힘든 일들이 영롱한 보석의 광채를 발하게 될 것입니다. 좋은 기억, 믿음의 기억, 승리의 기억들이 차곡차곡 쌓여 가는 삶을 산다면 우리의 인생은 하나님의 보물로 풍성해질 것입니다.

아름답고도
위대한
믿음의 유산

　　　　　　　　　　부모가 되면 무엇이든지 가장 좋은 것을 자식에게 주고 싶은 마음이 생겨납니다. 하지만 그 사랑이 지나쳐 도리어 관계가 어긋나는 경우도 많이 볼 수 있습니다. 부모가 되어서 어떤 것을 자녀에게 주어야 가장 좋은 것을 주었다고 할 수 있을지 늘 고민하고 기도하는 것은 부모로서 해야 할 일들 중 하나입니다.

우리는 우리가 모르는 사이에 소중한 자녀들이 우리가 경험한 성공과 실패의 요소들을 그대로 물려받게 된다는 사실을 기억해야 합니다. 우리가 오늘을 살아가면서 스스로 의식하지 못하는 많은 부분을 이미 부모로부터 유산으로 물려받은 것처럼 말입니다.

무엇을 물려줄 것인가?

내가 선택하지 않은 유산, 그러나 나도 모르게 받은 유산에는 양면성이 있습니다. 긍정적인 면과 부정적인 면이 그것입니다. 그러니 먼저 나의 성격, 습관, 태도 중에 유산으로 받은 것이 무엇인지 검증해 보고 좋은 것을 유산으로 물려주도록 노력해야 할 것입니다. 잘못된 유산이 발견된다면 나에게서 중단되어야 합니다. 그리고 그것을 좋은 것으로 바꾸어 물려주려는 노력을 해야 합니다.

그런 의미에서 가정은 매우 소중합니다. 가정은 세상의 어떤 조직이나 단체보다도 이러한 유산을 전달하는 직접적인 통로가 되기 때문입니다. 따라서 가정이 건강하다는 것은 나 자신과 사회, 그리고 역사가 아름답게 만들어져 가고 있다는 것을 의미하며, 반면에 가정의 파괴는 곧 공동체와 개인의 불행으로 직결됩니다.

가정의 핵심 요소를 연관성과 유대 관계라고 말하는 사람들이 있습니다. 이것은 인간이 이 세상에 존재할 때 이미 부모 혹은 조상들과 연관되어 있고 친밀한 인간관계를 형성하고 있다는 뜻입니다. 성경은 신명기 5장 9-10절에서 아비의 죄가 삼사 대 후손에 이르기까지 영향을 끼친다고 말하고 있습니다.

그런데 감사한 것은 비록 바람직한 유산을 물려받지 못해서 괴로워하는 사람이라 할지라도 잘못된 것을 중지하고 건강하고 아름다운 유산을 새롭게 자기 자녀에게 물려줄 수 있다는 것입니다. 유산은 좋은 것이든 나쁜 것이든 부모가 자녀에게 물려주는, 공동체가 후손에게 물려주는 영적, 감성적, 사회적, 문화적 상속물이라고 사전은 정의하고 있습니다. 이것은 개인이나 가정뿐만 아니라 국가와 민족에도 적용됩니다.

아름다운 믿음의 유산

좋은 영적 유산은 하나님의 부르심에 응답할 수 있는 마음과 영혼의 기초를 마련해 주고 균형 잡힌 현실감각을 통해서 하늘의 것을 바라보며 현실에 충실한 삶의 태도를 갖게 해 줍니다. 그리고 자신을 진실하고 정직하게, 그리고 투명하게 살펴보게 하는 힘의 근거가 됩니다.

건강한 감성적 유산은 자녀들에게 안정감과 소속감, 자기 존중의 욕구를 충족시켜 주어 실패와 좌절의 순간에도 극복할 수 있는 힘을 제공해 줍니다. 다른 사람의 감정을 잘 수용하며, 또 자신의 감정을 정직하고 긍정적으로 표현함으로 관계의 어려움을 극복하며, 나아가 다른 사람을 치유하는 도구를 갖게 합니다.

좋은 사회적 유산은 다른 사람들과 더불어 살아갈 때 바람직한 삶의 태도를 갖게 해 줍니다. 인간은 각기 다른 요소를 매우 많이 가지고 있습니다. 사회적 유산은 이런 다양성 속에서 공동의 목적을 이루어 갈 수 있게 하며, 지속적이고 긍정적인 관계를 형성하게 합니다.

가정에서 유익하고 아름다운 유산을 만들어 가는 데 필요한 요소를 J. 오티스 레드버터와 커트 브루너는 다섯 가지로 정리해 'AROMA'로 설명했습니다. 'Affection'(애정), 'Respect'(존경), 'Order'(질서), 'Merriment'(즐거움), 'Affirmation'(인정)이 그것입니다. 이러한 요소들은 아름다운 유산을 만들어 가는 분위기를 조성하고, 이를 통해 가정을 통한 아름다운 유산이 탄생하도록 돕습니다.

우리는 오늘도 의도하든 의도하지 않든 하루하루 자녀와 후손들에게 삶의 유산을 물려주고 있습니다. 우리는 소중한 자녀들에게 어떤 유산을 물려줄 것인가에 대해 한 번 더 생각해 봐야 합니다. 아름다운 믿음의 유산, 정결한 영적 유산을 통해 우리 모두가 왕 같은 제사장이 되고, 거룩한 나라를 이루며, 하나님의 소유 된 백성으로 자라 가기를 간절히 소망합니다.

지금 당신은 삶의
어디쯤 와 있습니까?

4부

그래, 거기서 다시 시작해

주님이 널 부르신 그곳에서

하나님이
빚으시는
인격

'인격'은 라틴어로 '페르조나'(persona)'인데 '대체로 일관되다'라는 의미의 '페르조나레'(personare)에서 유래했습니다. 이 말은 원래 배우가 쓰는 '가면'을 가리켰다고 합니다. 철학적인 의미에서 인격은 이성적인 본성을 가진 개별적 존재자를 가리킵니다. 다시 말해서 이성과 의지를 가지고 자유로이 책임을 지며 행동하는 주체를 말합니다. 신학적인 의미의 인격은 의지와 이성을 가진 독립된 실체를 가리킵니다. 보편적으로 인격이라는 말은 관계성과 관련이 있습니다. 자기 자신, 다른 사람들, 세계, 그리고 하나님과의 관계가 어떠하냐에 따라 인격을 말할 수 있습니다.

특별히 하나님께 쓰임 받았던 사람들은 하나님과 깊은 관계 속에서 높은 신앙적 인격을 소유한 사람들이었습니다. 성경에 나오는 많은 신앙의 거장들은 하나님의 손에 훈련된 인격을 소유한 사람들이었습니다.

경건에 이르는 연습

다윗은 그런 사람이었습니다. 그는 누구보다 하나님께 귀하게 쓰임 받은 사람이었습니다. 그 이유는 그가 하나님과 친밀한 인격적 관계를 가지고 있었기 때문입니다. 다윗은 자기 일에 대해 성실한 인격을 소유했습니다. 아무리 작은 것이라도 맡은 일에 성실하지 못한 사람들은 미래의 주역으로 등장할 수 없습니다.

다윗은 외유내강의 삶을 살았습니다. 다른 사람에게는 사랑과 관용으로 대하고 자신에게는 철저하게 대하는 태도, 강한 자는 강하게 대하고 약한 자는 부드럽게 대하는 삶의 태도를 가지고 있었습니다. 그는 하나님과의 관계 속에서 영적인 훈련으로 다듬어진 인격을 소유했습니다. 무엇보다 다윗은 하나님이 주신 비전을 세우고 최선을 다하는 삶을 살았습니다. 다윗은 하나님을 섬기고 사랑하는 일에 최선을 다하는 인격을 소유한 사람이었습니다.

하나님은 비전을 세우고 최선을 다하는 민족과 개인을 쓰십니다. 다윗과 같이 하나님과의 관계 속에서 신앙적 인격이 훈련된 사람을 사용하십니다. 우리는 하나님의 축복의 통로로 쓰임 받기 위해 거룩한 인격을 사모함으로 하나님께 쓰임 받는 사람이 되어야 합니다. 이러한 인격은 '경건에 이르는 연습'을 통해서 만들어집니다. 영적 성장을 사모하고 우리 자신을 하나님께 드려 거룩한 습관을 들임으로 성령 충만한 인격으로 변화되기를 사모하십시오.

제2의
바나바를
찾습니다

작곡자이자 세계적으로 유명한 뉴욕필하
모닉의 저명한 지휘자 번스타인은 오케스트라에서 가장 연주하
기 어려운 악기는 제2바이올린이라고 말했습니다. 유명한 사람
들의 생애를 보면 항상 두 번째 자리에서 자기 역할을 다하는 만
족할 만한 조력자들이 있었음을 발견하게 됩니다.

하나님의 2인자

사도행전에는 제2바이올린 연주자와 같은 탁월한 조력자가 소개되
어 있습니다. 그는 선교사이면서도 인격적 조화가 잘 이루어진 사

람이며, 탁월한 목회자이며 행정가였습니다. 그 탁월한 하나님의 제2인자는 바로 바나바입니다.

이 세상은 자신을 드러내기 원하는 사람들로 가득 차 있습니다. 그들은 알아주어야만 일을 하고, 직분이 주어져야만 책임을 다하는 사람들입니다. 그러나 모두가 나무의 열매가 될 수 없고 꽃이 될 수는 없습니다. 나무가 열매를 맺기 위해서는 거름도 뿌리도 줄기도 가지도 다 필요한 것입니다. 바나바를 나무에 비유하자면 뿌리와 같습니다. 그는 드러나지는 않지만 하나님의 역사 무대에서 하나님의 방법으로 자신의 역할을 감당한 사람이었습니다. 오늘날 이 시대와 교회가 필요로 하는 사람은 바로 바나바와 같은 사람입니다. 그럼 바나바는 어떤 사람이었을까요?

위로의 아들

그는 원래 구브로 섬사람으로 본명이 요셉이었습니다. 그는 고향을 떠나 예루살렘에 갔을 때 거기서 그리스도인이 되었습니다. 교회 공동체 속에서 사람들은 그의 삶과 행동을 보며 그의 별명을 '바나바'라고 부르기 시작했습니다. 즉 위로의 아들, 권면의 아들이라는 뜻입니다. 이것은 그의 행위와 말이 다른 사람들에게 위로가 되고 격려가 되었기 때문입니다. 바나바는 위로자요 격려자였던 것입니다.

사도행전 9장 26-27절에 의하면, 바나바는 바울이 회심한 후 아무도 그를 믿어 주지 않을 때 제자들을 설득해 함께 사역을 하도록 했습니다. 그는 바울의 회심을 분별해 교회 공동체 앞에 세움으로써 복음에 더 깊게 접근하게 해 주었습니다. 바나바의 영적 분별력과 지혜로 복음 전도자로 서게 된 바울은 신약의 13권이나 되는 성경을 기록하고 기독교의 신학적 기초를 놓을 수 있게 되었습니다.

때를 아는 사람

바나바는 바울과 함께 사역하며 성령의 강한 역사로 인해 성장한 안디옥교회가 바로 미래의 교회이며 역사 속에 하나님이 예비하신 모습을 갖춘 교회임을 분별했습니다. 바나바는 영적 분별력을 가지고 있는 사람이었기 때문입니다.

바나바는 성령의 사역처럼 뒤로 조용히 물러나 하나님의 복음이 복음 되게 하는 역사를 이루어 갔습니다. 사도행전의 기초가 되는 교회의 역사와 선교의 발전에 초석이 된 바나바는 역사 무대에서 서서히 사라지며 복음만 남게 한 사람이었습니다.

사도행전 4장에 처음 등장하는 바나바는 '바나바와 바울'로 기록되다가 여러 번 순서가 바뀌었습니다. 그리고 15장 후반부터는 사도행전에 이름이 나오지 않습니다. 바나바는 자기가 떠날 때를 알고 양보할 줄 아는 사람, 헤어져도 비난하지 않고 그의 사역이 하나님 앞에서 아름답게 세워지기를 기도하며 바울이 버린 사람을 다시 잘 양육해 그가 다시 찾게 만든 사람이었습니다. 바나바는 자신의 때를 아는 사람이었습니다.

우리는 바나바와 같은 사람이 그리운 시대에 살고 있습니다. 하나님은 바나바의 인격과 영성이 흐르는 사람들을 찾고 계십니다. 이제 우리 시대는 자기의 연약함을 알기에 바울을 데려와서 지도자로 세우고, 자기가 사라질 때를 알며, 교회의 미래와 성령의 역사를 분별하는 영적인 지도자를 그리워하고 있습니다. 어쩌면 이 시대는 삼손 같은 슈퍼맨보다 바나바가 더 필요할지도 모르겠습니다. 한 알의 밀이 땅에 떨어져 죽지 아니하면 한 알 그대로 있고 죽으면 많은 열매를 맺는다고 했습니다. 어디 바나바와 같은 사람 보셨습니까?

기다림으로
약속
이루어가기

인생을 살다 보면, 언제 끝날지 알 수 없는 힘겨운 시간을 경험할 때가 있습니다. 이번 고비만 넘기면 나아지겠지, 이 시기만 지나면 끝이 보이겠지 하는 희망을 가지고 버텨 보지만 달라질 기미조차 없고, 오히려 상황만 더 악화되는 고통의 시기가 있습니다. 그럴 때 우리는 어떻게, 무엇을 할 수 있을까요?

성경에도 그런 위기에 처한 인물이 있었습니다. 갈수록 상황이 악화되는 난관을 연이어 맞닥뜨리며 바닥에 널브러진 이 사람은 바로 야곱의 아들 '요셉'입니다. 그는 어렸을 때 어머니 라헬이 동생 베냐민을 낳다가 죽음을 맞이한 상실의 슬픔을 경험하지만, 아버지의 사랑을 독차지하면서 부러울 것 없이 살았습니다. 하지만 17세가 되던 해에 엄청난 비극이 그의 인생에 닥쳐왔습니다.

노예가 된 요셉

평소 요셉을 시기하고 미워하던 형제들이 그를 애굽의 노예로 팔아넘긴 것입니다. 사무치는 배신감을 안은 채 애굽으로 끌려간 요셉은 바로의 군대장관 보디발의 집에 팔려갔습니다. 다행히 그곳에서 성실함을 인정받아 살림을 도맡게 되었습니다. 노예의 신분으로 그 정도의 신분상승은 성공한 것입니다. 하지만 얼마 지나지 않아 또다시 억울한 일을 겪었습니다. 성폭행범의 누명을 쓰게 된 것입니다. 재판도 없이 요셉은 왕의 지하 감옥에 갇혔습니다. 형량도 정해지지 않은 채 언제 풀려날지도 알 수 없이 말입니다.

그러나 요셉은 감옥에서도 능력과 사람됨을 인정받고 간수장의 신뢰까지 얻었습니다. 그 중 왕의 관리였던 사람의 꿈을 해석해 줌으로써 그의 복직에 큰 도움을 주었습니다. 관리는 은혜를 갚겠노라고 약속한 뒤 감옥을 나갔고 요셉은 다시 실낱같은 희망을 품었습니다. 하지만 철석같이 약속했던 왕의 신하는 그를 잊어버렸고, 어둡고 깊은 지하 감옥에 요셉만 홀로 남았습니다.

총리가 된 요셉

그로부터 두 해가 더 흘러 요셉은 바로의 꿈을 해석하게 되었고, 그 공로로 30세의 나이에 총리가 되었습니다. 하지만 그렇다고 열일곱의 나이에 이국땅에 팔려와 노예로, 성폭행범으로 지하 감옥에서 보낸 13년의 세월은 결코 지울 수 없는 시간이었습니다. 모든 것을 포기하고 주저앉을 수밖에 없었던 시간, 긍정적인 생각으로 고난을 이겨내라는 말 자체도 조롱과 사치로 들릴법한 그런 고난의 시간이었습니다.

이 시대를 살아가는 우리들 중에서도 신앙의 깊이와 관계없이 우울증에 시달리는 사람이 넘쳐나고, 하루에도 몇 번씩 다 포기하고 뛰어내리고만 싶은 충동과 싸우는 사람이 많습니다. 자신이 만든 거짓 위로에 지치고, 세상이 주입한 가짜 희망에 속으면서 삶의 의욕을 조금씩 잃다 보면, 포기하는 것 외에는 다른 선택의 여지가 없다는 생각에 사로잡히게 되는 것입니다.

기다림을 붙잡은 요셉

고난 중에서도 요셉은 삶을 놓지 않았습니다. 철저하게 무너져 버린 그에게는 억지로 꾸며낼 희망조차 없었지만, 그럼에도 불구하고 그는 일어섰습니다. 그 비결은 바로 '기다림'입니다. '기다림'이 있었기 때문에는 요셉은 일어설 힘을 얻은 것입니다. 그 시간 동안 인내하고 참여하며 힘들을 차곡차곡 비축한 것입니다.

우리는 무엇이지 빨리 해치우려 하고, 금세 성취할 수 있기를 바라고, 미리 결과를 알고 싶어 합니다. 하나님과 '빨리' 친해지고, 하나님의 언약이 '바로' 성취되길 바라며, 하나님의 계획도 '미리' 듣고 싶어 합니다.

하지만 하나님은 하루가 천년 같고 천년이 하루 같은 분이며 씨를 뿌린 뒤 추수의 때를 기다리는 농부와도 같습니다. 그래서 성경에 기록된 믿음의 선배들은 모두 장거리달리기의 영적 여정을 걸었습니다. 패배와 낙심의 자리에 주저앉지 않고, 전혀 볼 수 없고 절대 바랄 수 없는 일이더라도 약속하신 하나님을 신뢰하고 순종하며 '적극적으로' 기다렸습니다.

성급하게 포기하지 않고, 적극적으로 하나님의 일하심을 기다렸던 요셉처럼 다시 한 번 일어서시기 바랍니다. 그럴 때 반드시 열매 맺게 하시는 하나님의 축복이 임할 것입니다.

때로는
미래가 보이지
않아도

신문 칼럼니스트인 앤 랜더스는 한 달에 수천 통의 상담 편지를 받습니다. 어느 날 그는 "당신은 상담가의 입장에서 수많은 사람들의 문제를 보는데, 사람들의 문제 중 가장 큰 문제, 가장 많은 문제는 무엇입니까?"라는 질문을 받았습니다. 그의 대답은 '두려움'이라는 단어로 정리되었습니다. "두려움은 사람들의 꿈을 이루지 못하도록 막는 장애물입니다. 재산이 없어질까 봐 두려워하고, 어른이 되어 모든 일에 책임져야 할 것을 두려워하고, 잘못된 결정을 내릴까 봐 두려워하고, 약속하기를 두려워하고… 아니, 사람들은 사는 것 자체를 두려워합니다"라고 말입니다.

두려움이 나를 지배할 때

두려움이 나를 지배하게 될 때 인간은 자신의 목표를 잃어버립니다. 자기가 서 있는 자리에서 주저앉아 더 이상 다른 것을 하지 못합니다. 두려움은 믿음에 치명적인 영향을 미치는 감정이고, 영적인 문제를 야기하는 요소입니다. 자기 파괴적이 되고, 인간의 가장 소중한 본질인 사랑과 소망과 믿음을 상실하게 만듭니다. 그리고 이 두려움은 영적으로 심각한 문제를 주어서 희망과 가능성을 바라보지 못하게 합니다.

이스라엘 공동체에게 모세의 죽음은 단순히 한 지도자의 죽음이 아니었습니다. 모세는 이스라엘의 길이자 희망이었고 미래였습니다. 모세가 없었다면, 광야의 위기와 어려움 가운데서 오늘까지 올 수 없었을 거라고 그들을 생각했습니다. 내부의 위기는 물론 외부의 두려움과 위협 속에서도 모세는 해결사 같았습니다. 그는 여기까지 올 수 있었던 철학이고 원리였고, 의지할 대상이었습니다. 그런 모세의 죽음은 이스라엘에게, 그리고 모세를 이어 공동체를 이끌어야 하는 여호수아에게 두려움과 절망이었습니다. 이스라엘 백성은 두려움 때문에 모든 것을 포기하고 중단하려고 했습니다. 여호수아는 주저앉아서 한 발자국도 나가지 못했습니다. 하나님의 약속과 인도하심을 포기했습니다. 두려움이 이스라엘 공동체를 휘감았고, 다시 일어서지 못하게 하여 모든 가능성을 스스로 포기하게 만들었습니다.

그때 하나님은 여호수아에게 말씀하셨습니다. 두려움이 여호수아와 이스라엘 공동체를 압도할 때 주어진 말씀은 "내가 네게 명령한 것이 아니냐 강하고 담대하라 두려워하지 말며 놀라지 말라 네가 어디로 가든지 네 하나님 여호와가 너와 함께 하느니라 하시니라"라는 여호수아 1장 9절 말씀입니다. 하나님께서는 어떤 어려움이 있어도 반드시 이스라엘 백성을 통해 약속을 이루어 가겠다고 하셨습니다. 모세를 통해 여기까지 인도하신 것처럼 이스라엘 백성을 능력과 편 팔로 붙들고 동행하겠다고 약속하셨습니다.

다시 시작할 힘을 주시는 분

이제 여호수아는 힘을 얻었습니다. 여호수아와 이스라엘 백성이 두려움 가운데서도 승리의 역사를 만들어 갈 수 있었던 것은 그들이 하나님의 말씀을 붙잡고 두려움을 극복해 내었기 때문입니다. 이스라엘을 붙잡고 있던 두려움은 저절로 없어진 것이 아닙니다. 이스라엘을 짓누르던 두려움이 사라진 것은 그들이 이 약속의 말씀을 주신 하나님을 바라보고, 그 말씀을 자신의 마음에 선포하며 두려움을 쫓아내었기 때문입니다. 두려움은 시간이 지나면 스스로 사라지는 안개처럼 때가 되면 우리 마음에서 저절로 사라지지 않습니다. 도리어 오랫동안 마음에 방치하면 우리 자신을 옭아매고 결국은 꼼짝 못하고 주저앉게 만듭니다.

두려움을 이길 힘이 우리들 내면에는 없습니다. 두려움을 이길 수 있는 것은 변하지 않는 하나님의 약속의 말씀과 그 말씀이 주는 담대함 뿐 입니다. 두려움이 우리의 삶을 엄습할 때 우리가 하나님의 약속의 말씀을 다시 붙들 수 있다면, 어떤 위기 속에서도 두려움에 매몰되지 않을 것입니다. 비록 실패와 배신으로 우리의 모습이 누더기처럼 된다 할지라도, 하나님은 자비와 긍휼로 우리를 버리지 아니하시고 끝까지 붙들어 주시겠다고 약속하셨기 때문입니다. 그 약속이 내 것이 되도록 외치고 나아가야 합니다.

우리는 약속의 백성입니다. 하나님은 결코 우리를 버리시지 않고 하나님 나라로 인도하시며 우리의 삶을 가장 복되게 세워가신다고 약속하신 것을 기억한다면 우리는 다시 일어설 수 있습니다.

때로는 미래가 보이지 않아 두려울 때가 있습니다. 사람들의 거센 비판과 조롱이 두렵고, 버림받지는 않을까 하는 두려움이 몰려오는 순간이 있습니다. 하지만 우리에겐 하나님의 말씀이 있고 약속이 있습니다. 그래서 두려움을 넉넉히 이겨낼 수 있는 것입니다. 두려움의 안개가 사라지면 그제야 빛이 보이고 우리의 눈이 열립니다. 주변을 돌아볼 수 있고, 올바르게 판단하여 바른 길을 걸어갈 수 있습니다. "강하고 담대하라 두려워하지 말라 내가 너와 함께 하겠다"는 하나님의 약속의 말씀을 붙잡고 두려움의 사슬을 깨뜨리고 내일을 준비하는 모든 이들을 위해 기도합니다.

두려움을 이길 수 있는 것은 변하지 않는 하나님의
약속의 말씀과 그 말씀이 주는 담대함뿐입니다.
우리는 약속의 백성입니다. 하나님이 결코 우리를
버리시지 않고 하나님 나라로 인도하시며 우리의
삶을 가장 복되게 세워 가신다고 약속하신 것을 기
억한다면 우리는 다시 일어설 수 있습니다.

하나님 마음에
합한
인생기준

갈렙은 출애굽 때부터 가나안 정복이 끝나는 시간까지 계속 이스라엘 공동체와 함께한 사람입니다. 그는 가나안 땅을 분배하는 과정에서 모두가 가기를 마다하는 헤브론을 달라고 요청하였습니다. 모두가 두려워 회피하고 선택하기를 원치 않는, 장대한 거인들이 사는 땅 헤브론을 달라고 한 것입니다. 젊은 사람들도 정복하기 어려운 땅을 85세의 노인이 달라고 했을 때 공동체는 비로소 그의 인생기준이 무엇인지를 알게 되었습니다. 출애굽 이후의 세대에게 믿음이 무엇인가를 생각하게 했던 갈렙에게는 특별한 인생기준이 있었습니다.

인생기준

갈렙의 인생기준은 하나님을 "나의 하나님"으로 받아들인 것이었습니다. 갈렙의 생애 속에 줄기차게 보이는 하나의 확실한 문장은 "나의 하나님"이라는 표현입니다. 원래 이 표현은 모세가 평생 그의 생각과 행동 속에 붙들고 있던 하나님을 향한 고백이었습니다. 이제 갈렙은 모세와 함께 하신 하나님을 "모세의 하나님"이 아닌 "나의 하나님"으로 믿고 받아들였습니다. 그랬을 때 갈렙은 담대하고 용기 있게 약속을 따라 나아갔고 모세처럼 능력 있고 담대한 삶을 살 수 있었습니다.

언젠가 예수님께서 제자들에게 "너희는 나를 누구라고 하느냐?"(막 8:29)라고 물으셨습니다. 그러나 제자들은 바르게 답하지 못하고, 결국 주님의 죽음 앞에서 도망하여 뿔뿔이 흩어지고 말았습니다. 하나님의 비전을 나의 비전으로 받아들이고, 하나님의 일이 곧 나의 일임을 믿음으로 받아들일 때 초대교회에 역사가 일어나고, 복음이 순교의 과정을 넘어 열방으로 전파되는 것입니다.

갈렙의 인생기준은 하나님의 말씀을 중심에 둔 것이었습니다. 사람들은 그대로 두면 대체로 자기 이익과 자기 보호의 기준에 따라서 행동하게 됩니다. 그러나 갈렙이 공동체 앞에서 발표했던 삶의 원칙은 달랐습니다. "이제 보소서 여호와께서 이 말씀을 모세에게 이르신 때로부터 이스라엘이 광야에서 방황한 이 사십오 년 동안을 여호와께서 말씀하신 대로 나를 생존하게 하셨나이다"(수 14:10).

광야에서 방황한 시간 속에서도 하나님의 말씀은 나를 약속 대로 살게 하셨다는 것입니다. 수많은 사람이 다 죽는 고비와 위기 속에서도 건강하게 살아남은 것은 하나님의 말씀대로 이루어진 삶이라고 고백합니다.

오직 말씀으로

갈렙은 자기 삶에 대해 이처럼 분명한 분석과 해석이 있었습니다. 말씀대로 살아왔기에 자신의 힘으로는 결코 점령할 수 없었던 여리고도 점령할 수 있었고, 아이 성의 패배도 극복하고 승리할 수 있었다는 것입니다. 중요한 것은 갈렙이 지금도 그 말씀을 따라 선택하며 살고 있다는 점입니다. "여호와께서 나와 함께하시면 내가 여호와께서 말씀하신 대로 그들을 좇아내리이다"(수 14:12).

그가 헤브론 땅을 자신에게 달라고 하는 것은 만용 때문도 아니고, 지략이나 힘이 탁월해서도 아니었습니다. 불가능하고 어렵지만 그것이 하나님의 말씀이었기 때문입니다. 갈렙의 삶의 중심이 하나님의 말씀에 있었습니다.

갈렙의 인생기준은 자신이 나서야 할 때를 피하지 않은 것이었습니다. 이스라엘이 광야 생활을 하고 가나안 땅을 정복할 때 갈렙은 나서지 않았습니다. 그는 자신이 나서야 할 때가 언제인가를 분명히 아는 사람이었습니다. 긴 시간 동안 침묵하며 자기에게 주어진 일을 성실하게 감당했습니다. 원로임에도 불구하고 가르치려 하지 않았고, 자기 권위와 생각을 주장하며 나서지 않았습니다. 그러나 결정적인 때에는 단호히 나서서 믿음의 입술로 이 세대 앞에 외쳤습니다.

"그날에 여호와께서 말씀하신 이 산지를 지금 내게 주소서 당신도 그 날에 들으셨거니와 그곳에는 아낙 사람이 있고 그 성읍들은 크고 견고할지라도 여호와께서 나와 함께 하시면 내가 여호와께서 말씀하신 대로 그들을 쫓아내리이다"(수 14:12).

갈렙은 그의 삶을 통해 진정으로 가치 있는 인생기준이 무엇인지를 보여 주었습니다. 삶 속에서 하나님을 "나의 하나님"으로 고백하며, 선택의 기준을 하나님 말씀에 두었습니다. 또한 믿음을 삶에서 실천했습니다. 우리도 이 세대를 본받지 않고도 든든히 서있을 기준을 마련해야 합니다. 아무쪼록 하나님의 마음에 합한 분명한 인생기준이 세워지기를 오늘도 기도합니다.

그리스도인은 서로가 서로에게
흔들리지 않는 믿음의 언덕이
되어야 합니다.

하나님이
찾으시는
사람

성경의 역사를 보면 하나님께서는 아무리 칠흑 같은 영적 어둠이 드리워진 때라도 하나님의 사람들을 찾아내셔서 구원의 역사를 이루어 가신 것을 볼 수 있습니다. 우리가 살아가는 이 시대에도 하나님께서는 영적인 어둠을 걷어내고 하나님의 새 역사를 이루어갈 사람들을 찾고 계십니다.

사사기 13장을 보면 영적인 어두움이 짙게 드리워졌던 사사시대에 하나님께서 찾아내셔서 그 분의 새 역사를 이루어가는 통로로 쓰임 받은 사람들이 등장하는데, 바로 삼손의 부모였던 마노아와 그의 아내입니다. 이들은 어떻게 하여 영적 어둠의 세대에 하나님께 쓰임 받을 수 있었을까요?

마노아와 아내

그들은 삶 속에서 하나님의 전적인 은혜만을 의지하는 삶을 살았기 때문에 가능했습니다. 마노아와 아내는 오랫동안 아기가 없는 불임을 겪으며 마음의 고통 가운데 있었습니다. 당시 아이가 없다는 것은 매우 큰 고통이었습니다. 마노아는 아마도 당시 많은 사람들이 그랬던 것처럼 첩을 두어 많은 자손을 두고 스스로 자기의 축복을 만들어 갔을 수 도 있었을 것입니다. 그러나 마노아 부부는 하나님께서 행하시는 일을 묵묵히 기다렸습니다. 늙어서 소망이 없어졌을 때에도 하나님의 은혜를 간구하며 살았습니다. 이러한 그들을 하나님께서는 주목하시고 새 역사의 도구로 사용하셨습니다.

그들은 하나님의 뜻에 전적으로 순종할 준비를 갖추었던 사람들이었습니다. 하나님께서는 삼손을 이 가정에 보내시기 전에 불임의 고통을 경험케 하셨습니다. 그 과정에서 마노아와 그의 아내는 철저하게 낮아지고 깨어짐을 경험하게 되었습니다. 신앙은 우리가 철저히 실패하며 더 이상 희망과 미래가 없다고 판단할 때, 자신의 무능과 연약함을 철저히 느끼고 고백할 때 자라기 시작합니다.

하나님의 사자가 이 가정에 삼손의 잉태를 알려주면서 포도주와 독주를 마시지 말라고 금하며, 그 아이의 머리에 삭도를 대지 말 것을, 즉 나실인으로 살 것을 명령했습니다. 그 때 마노아

부부는 "마노아가 여호와께 기도하여 이르되 주여 구하옵나니 주께서 보내셨던 하나님의 사람을 우리에게 다시 오게 하사 우리가 그 낳을 아이에게 어떻게 행할지를 우리에게 가르치게 하소서 하니"(삿 13:8)라며 순종의 모습을 보여 줍니다.

믿음의 고백

마노아는 이미 하나님의 은혜로 약속하신 언약을 이루기 위해서 어떻게 준비해야 할지를 하나님으로부터 배우기를 원하였습니다. 하나님께서 자기 자신의 가정과 자녀를 통해서 이루실 일을 어떻게 하면 순종함으로 이룰 수 있을지 하나님께 간구하고 있습니다. 이러한 기도를 드린 마노아는 주의 사자에게 이렇게 말합니다.

"마노아가 이르되 이제 당신의 말씀대로 되기를 원하나이다 이 아이를 어떻게 기르며 우리가 그에게 어떻게 행하리이까"(삿 13:12).

이것은 하나님의 뜻이 온전히 이루어지기를 갈망하며 기다리는 믿음의 고백입니다. 마노아에게는 하나님께서 도우시지 않으시면 하나님이 약속하신 축복을 온전히 이룰 수 없는 연약한 존재임을 고백하는 겸손함이 있었습니다.

하나님의 은혜를 아는 사람이 순종할 수 있습니다. 나의 힘과 의지와 노력이 아니라 하나님께서 주신 것만을 인정하고 믿는 사람만이 순종할 수 있습니다. 하나님은 그런 사람에게 일을 맡기시고 또 축복을 주시기 전에 반드시 준비의 과정을 거치게 만드십니다.

이 세상의 흐름을 따라 그저 흘러가는 대로 살아가는 것이 아니라 하나님께서 이 땅을 구원하시기위해서 우리를 사용하실 수 있도록 준비해야 합니다. 정결하고 진실하게 자신을 구별하며 주님의 뜻을 이루기 위한 인도하심을 간구할 때 우리의 실패와 좌절은 주님의 뜻을 이루는 시작이 되는 것입니다. 이 세대에 하나님께서 부르신 곳에서 귀하게 쓰임 받을 수 있는, 하나님이 찾으시는 사람이 되는 것입니다.

가장
가치 있는
선물

러시아의 문호 톨스토이가 어느 날 길에서 구걸하는 걸인을 만났습니다. 톨스토이는 무엇인가를 주기 위해서 주머니를 뒤졌으나 그날따라 동전 한 푼도 없었습니다. 할 수 없이 톨스토이는 거지에게 "형제여 마침 한 푼도 가진 것이 없으니 미안하오"라며 미안한 마음을 말로 전했습니다. 그러자 거지는 만족스러운 표정으로 대답했습니다.

"돈이 문제입니까? 저는 선생님으로부터 훨씬 더 값진 것을 받았습니다. 선생님이 저를 형제라고 불러주셨기 때문입니다."

정말 가치 있고 좋은 선물을 한다는 것은 참 어렵습니다. 우리가 생각하는 것과는 너무 다른 것이 많기 때문입니다. 또 상대방의 마음을 알 수 없기 때문입니다. 특별히 우리 하나님께 받은 은혜가 감사해서 정말 귀한 것을 드리고 싶을 때 하나님은 어떤 것을 기뻐 받으시는지 우리는 알 수가 없습니다.

숨겨진 동방박사

우리는 예수님이 탄생했을 때 귀한 선물을 드린 동방에서 온 박사들의 이야기를 잘 알고 있습니다. 그들이 아기 예수님께 바친 예물은 황금과 유향과 몰약이었습니다. 이것이 얼마나 귀하고 주님의 마음에 들었는지 성경에 기록되어 오늘 우리에게 전해지고 있습니다. 사람의 눈으로 보기에는 하찮은 것처럼 여겨지지만, 그들이 드린 예물은 메시야를 진심으로 사모하는 마음으로 드린 예물이었던 것입니다.

주님께 드리는 가장 소중한 예물이 무엇인가를 잘 표현한 헨리 반 다이크(Henry Van Dyke)의 짧은 이야기가 있습니다. 이 이야기는 메시야를 경배하기로 함께 떠나기로 한 동방박사 중에 개인사정으로 함께 출발하지 못한 한 동방박사의 이야기입니다.

알타반이라는 박사는 세 명의 동료를 따라 가던 중 길에서 병들어 죽어가는 노인을 만나게 되었습니다. 자기가 아니면 이 노인은 죽게 될 것이라고 생각한 그는 메시야에게 드릴 귀한 예물을 하나 팔아서 이 노인을 치료하였습니다. 병든 사람을 도와주다가 시간이 더 지체된 이 알타반 박사는 마리아와 요셉이 천사의 지시를 받고 애급으로 피신한 다음에야 베들레헴에 도착하게 되었습니다. 그는 가난한 히브리 여인의 집에 들어갔는데, 마침 헤롯의 군대가 그 마을에 와서 어린이를 살육할 때에 그 집 아이를 위해 보석을 꺼내주며 군사를 매수해서 이 아이는 목숨을 지킬 수 있었습니다.

최고의 예물

그는 예수님을 찾기 위해서 무려 33년을 헤맸지만 만나지 못했습니다. 그런데 예수님이 십자가에 못 박혀 돌아가시는 그날 예수님의 소식을 듣게 되었습니다. 메시야에게 드릴 단 하나의 예물만 남아있단 알타반은 가는 도중에 노예로 팔려가는 한 여인의 모습을 보며 가지고 있던 예물로 이 여인을 자유하게 해 주었습니다. 그는 메시야에게 드릴 모든 선물을 사람을 위해 다 써버렸노라고 자책하며 괴로워했습니다. 그때 주님이 십자가에 못 박혀 돌아가셨고, 같은 시간 발생한 지진으로 인해 건물이 무너지면서 알타반 또한 머리를 맞아 죽어갔습니다. 그러면서 메시야에게 고백합니다. 자기는 결국 메시야를 만나지도 못했고 또 드릴 선물도 준비 못하고 오히려 사람을 위해서 다 써버렸다고 말입니다. 하나님을 향한 죄송함과 아쉬움으로 죽어갈 때 그에게 음성이 들려왔습니다.

"너는 내가 목마를 때 물을 주었고, 배고플 때 먹을 것을 주었으며, 병들었을 때에 돌보아 주었다."

숨이 끊어져 가면서 그는 "아닙니다. 주님! 제가 언제 그렇게 했습니까? 저는 메시야를 한 번도 뵌 적이 없습니다. 그리고 그 메시야를 위해 준비한 모든 예물을 메시야가 아닌 바로 사람들을 위해 다 써버리고 정작 당신께는 드리지 못한 죄인입니다…"라고 고백하였습니다. 죽어가는 알타반 박사를 한 여인이 바라보았습니다. 그녀는 박사의 도움으로 노예가 아닌 평범한 여인이 된 사람이었습니다. 이 여인은 알타반 박사를 보며 그는 이 세상에서 육체로 메시야를 만나지는 못했지만, 누구보다도 가장 가까이서 메시야를 만난 사람이 알타반, 바로 동방박사임을 알 수 있었습니다.

동방박사와 같이 우리가 주님을 위해 준비한 예물은 무엇일까요? 내가 드릴 최고의 예물을 주님께서도 가장 기쁘게 받으실 수 있기를 소망해 봅니다.

하나님 나라에
초점을 맞춘
삶

하나님의 나라는 예수님께서 이 땅에 오셔서 처음 외치셨던 복음 선포의 가장 핵심이었습니다. 하나님 나라는 예수 그리스도가 오심으로, 예수 그리스도를 통해서 이루어지는 나라 즉, 하나님의 통치가 이루어지는 곳을 의미합니다. 다시 말해 예수님의 모든 가르침과 선포의 중심에 있는 곳이 바로 하나님 나라입니다.

하나님께서 주신 사명을 분명히 하고 성취하기 위해서는 하나님의 나라에 대한 이해가 필수적이라고 할 수 있습니다. 그렇다면 하나님의 나라는 어떤 곳일까요?

하나님 나라의 출발점

하나님의 나라는 '회개'를 출발점으로 경험할 수 있는 영적인 실재입니다. 하나님 나라를 위해서 예수님은 "이르시되 때가 찼고 하나님의 나라가 가까이 왔으니 회개하고 복음을 믿으라 하시더라"(막 1:15)고 말씀하셨습니다.

하나님은 말씀을 통해 회개하라고 가르치셨습니다. 회개란 무엇일까요? 회개란, 내 삶의 방향을 바꾸는 것이며, 내 인생의 주인을 내가 아닌 하나님으로 바꾸는 것입니다. 우리는 회개를 통해 하나님 나라의 특징인 '성령 안에 있는 의와 평강과 희락'(롬 14:17)을 경험할 수 있습니다. 하나님의 통치를 받을 때 우리의 삶 속에서 참된 평강과 희락 그리고 의를 체험하게 됩니다. 이것은 먼저 내 마음 속에서 이루어지며 나아가 내 가정과 내가 사는 삶의 영역 속에서 경험할 수 있습니다.

하나님의 나라는 하나님께서 선택하시는 사람을 통해 확장됩니다. 예수님께서는 복음을 전하는 일과 복음을 전할 일꾼을 세움으로 하나님 나라를 이루어 가셨습니다. 복음이 계속 전해지고 이어지기 위해서 하나님께서는 필요한 사람을 세우시고 훈련시키셔서 하나님 나라를 위해서 사용되는 일꾼으로 훈련시키고 양육하셨습니다.

부르심을 기억하라

우리는 하나님께서 하나님의 나라 건설을 위해서 우리 각 사람을 부르시고 세우셨다는 사실을 기억해야 합니다. 나의 삶이 하나님 나라를 건설하는 하나님의 근본적인 부르심에 얼마나 헌신하고 있는지를 늘 되돌아보아야 합니다.

그러나 안타깝게도 오늘날 이러한 하나님 나라에 대한 비전을 가진 지도자들, 하나님의 사람들을 찾아보기가 쉽지 않습니다. 많은 경우 그저 내 교회, 내 자리, 내 입장을 가장 중요시하다 보니 진정한 하나님 나라를 최고의 가치로 삼는 것이 쉽지 않습니다.

우리들은 삶의 현장 속에서 하나님 나라를 건설하라는 사명을 감당하기 위해서 부름 받았음을 다시 한 번 기억하고 이 사명을 토대로 우리의 비전을 다시 세워야 합니다.

구약시대에 하나님께서 이스라엘 백성을 가나안에 보내신 이유는 하나님께서 기업으로 주신 땅이 하나님이 통치하시는 땅임을 선포하고, 택함 받은 하나님의 백성들의 삶이 구원과 축복의 통로가 되도록 하기 위해서입니다.

하나님께서 허락하신 삶의 현장 속에서 우리는 하나님의 다스림과 주되심을 나타내는 복된 삶을 향기롭게 살아내길 소망합니다.

하나님의 나라는
하나님께서 선택하시는
사람을 통해 확장됩니다.

하나님과
함께
비상하라

　　　　　　　　　　　　　제가 알고 있는 어떤 한 분의 이야기로
글을 시작하려고 합니다. 그분은 현재 미국에 살고 있습니다. 제
가 어렸을 때 그분 집에 저희 가족이 세 들어 살았던 적이 있었
지요. 그분은 젊었을 때 스튜어디스로 활동하며 지성과 미모를
자랑했던, 소위 '엄친딸'이었습니다. 우리나라에서 항공 운항이
시작되었던 초창기에 스튜어디스가 되었으니, 대단한 엘리트였
음은 말할 것도 없습니다. 그분은 그렇게 화려한 청년의 때를 보
내고 결혼을 하여 미국으로 이민을 갔는데, 갑작스러운 사고로
남편을 잃었습니다. 그분은 한동안 상실의 충격에 빠져 있었습
니다. 어린 두 아들을 데리고 여자 혼자 살아갈 용기가 나지 않

아, 삶에 대한 아무런 기대와 소망도 없이 인생을 포기한 채로 세월을 보냈습니다.

한치 앞을 모르는 인생길

그 시절 저는 미국에서 유학 생활을 하고 있었고, 어느 날 뉴욕에서 그 권사님을 우연히 만났습니다. 그때까지만 해도 그분은 신앙생활을 하지 않고 있었습니다. 그분은 제가 목회자가 되어 미국 유학까지 왔다는 이야기를 듣고는 놀라움을 감추지 못했습니다. 그도 그럴 것이 어렸을 때 저는 엄청난 사고뭉치이자 말썽꾸러기였기 때문입니다. 많은 분이 제 장래를 걱정할 정도였으니 말입니다. 그때 그 모습만을 기억하고 있었기에, 그분은 제가 '정신 차리고 잘 성장하여 목회자가 되었다'는 사실에 충격 아닌 충격을 받은 듯 했습니다.

그런데 저를 만난 뒤로 그분에게 변화가 일어나기 시작했습니다. 어린 자녀를 데리고 이 험한 세상을 혼자 어떻게 살아갈까 근심하며 자기 삶을 비관하던 태도를 버린 것입니다. 그분은 전혀 딴판으로 성장한 저를 보고 소망을 찾으셨습니다. '인생은 정해져 있는 것이 아니구나. 목회의 길과 거리가 멀어 보이는 말썽쟁이가 이렇게 어엿한 하나님의 종으로 성장했을 줄이야. 그렇다면 내 아이들도 얼마든지 훌륭한 사람으로 자랄 수 있을 거야!' 이 마음을 가지고 그때부터 열심히 신앙생활을 하면서 적극적인 태도로 살기 시작한 것입니다. 권사님의 소망대로 두 자녀는 아주 잘 성장했고, 지금은 훌륭한 사회인으로서 제 몫을 다하며 살고 있습니다.

비전이 인생을 바꾼다

권사님의 삶을 변화시킨 그것은 바로 '비전'입니다. 저를 만난 이후 그전까지 품었던 것과는 다른, 새로운 삶을 향한 비전을 품게 된 것입니다. 성경은 "누구든지 그리스도 안에 있으면 새로운 피조물이라 이전 것은 지나갔으니 보라 새것이 되었도다"(고후 5:17)라고 말씀합니다. 하지만 이 말씀을 안다고 해서 모두가 저절로 새로운 삶을 살게 되는 것은 아닙니다. 새 날은 '새로운 삶'이라는 비전을 가질 때에만 현실로 맞이할 수 있습니다.

현실에 사로잡힌 채 무기력증에 빠져 있던 이스라엘 백성들은 부정적이고 냉소적이었습니다. 삶의 여유는 물론 마음의 여유도 없었으니 그럴 수밖에 없었습니다. 그때 느헤미야가 자신의 사연을 나눕니다. 그 자리까지 자신을 인도하신 하나님에 대해 이야기하는 것이지요. 그는 하나님이 여전히 살아 역사하시고, 이스라엘 백성을 회복시키기 원하신다는 것을 전하였습니다. 잠들어 있던 이스라엘 백성들의 영혼이 하나둘씩 깨어납니다. 그들의 가슴이 다시 뛰기 시작한 것입니다. 느헤미야가 제시한 비전을 전심으로 받아들이게 된 것입니다.

"그럼 그렇지! 하나님은 우리를 포기하지 않으셨어! 우리가 지금 해야 할 일이 바로 이거였구나!" 이스라엘 백성들은 이때부터 각자에게 내재되어 있던 힘과 에너지가 위력을 발휘하기 시작합니다. 뭔가 이룰 수 있을 것 같은 자신감이 생겨나기 시작했습니다. '아직도 우리에게 이런 힘이 남아 있었나?' 하고 생각하며 스스로 놀랄 만큼 엄청난 에너지를 쏟아냅니다. 그들은 단지 성벽을 세우는 것만이 아니라 무너진 성벽을 세워 민족의 수치를 없애는 '선한 일'에 반응하고 있었던 것입니다.

그래서 사람에게는 가슴을 뛰게 하는 '목표'가 필요합니다. 진지하게 생각해 보고 싶습니다. 내 가슴을 뛰게 하는 꿈은 무엇인지 말입니다. 나의 꿈이 다른 사람에게는 보잘 것 없는 것이어도 상관없습니다. 우리가 아는 대로 주님은 어린아이가 내민 초라한 도시락으로 오병이어의 기적을 베푸신 분입니다. 그것은 우리의 계산과 예측으로는 도저히 얻을 수 없는 일이었습니다. 그저 하나님이 베푸시는 은혜와 축복일 뿐 우리는 그 자리에 참여하여 잔치의 기쁨을 누리면 되는 것입니다.

생각만 해도 가슴이 뛰는 비전을 품길 원합니다. 그것은 크고 놀라운 비전이 아니어도 좋습니다. 남다르고 획기적이지 않아도 좋습니다. 그 꿈이 하나님으로부터 온 것이라면 그것으로 족합니다. 그 비전이 하나님 나라와 그분의 의를 구하는 것이라면 그것으로 충분합니다. 움츠러든 가슴을 다시 뛰게 하고, 지친 팔과 다리에 생명이 움트게 하는 하나님의 비전을 품고 힘차게 비상(飛上)하시길, 그 길을 기도로 응원하겠습니다.

당신의 가슴을 뛰게 하는 꿈은
무엇입니까?

섬김과
나눔의
영성

세계적인 마케팅 전문가로 알려진 조 비
테일이라는 사람이 있습니다. 그는 '사람들이 어떻게 하면 부자
가 될 수 있을까?, 어떻게 하면 장사가 잘되어서 행복하게 살 수
있을까?'라는 상담을 하며 많은 사람과 기업을 도와주는 일을
하고 있습니다. 그러면서 그는 자기경험을 바탕으로 《나눔, 함께
사는 세상의 시작》*The Greatest Money Making Secret in History*이라는
제목의 책을 발행했습니다. 이 책에는 저자가 어떻게 나눔의 삶
에 관심을 갖게 되었는지 자세히 소개하고 있습니다.

나눔이 주는 축복

저자는 자신의 젊은 아내가 암과 오랫동안 투병하다 세상을 떠나서 가난해질 때로 가난해졌고, 계속되는 빚 독촉장을 해결하기 시간제 직장을 다니게 되었습니다. 이런 상황 속에서 두 아이를 기르고 있었습니다. 하루는 단돈 4달러를 가지고 자기 가족이 먹을 우유와 빵을 사러 가는데 잔디밭에 30대 초반의 부부와 어린아이가 앉아있는 모습을 보게 되었습니다. 먹을 것이 없다는 글을 써놓고 햇볕이 내리쪼이는 길 한가운데 앉아있는 모습을 보니 너무 안쓰러운 마음에 그만 자기도 어렵지만 2달러를 나누어 주었습니다. 그런 다음 저자는 자신의 돈이 없어진 것에 대한 불안과 걱정이 아니라 한없는 행복함을 느끼게 되었고, 그 이후에 찾아온 자신의 삶에 놀라운 축복이 있었다고 고백하면서, 자신이 하고 있는 일의 배경을 말하였습니다. 그는 이 세상에서 부자로 살았던 사람의 삶을 연구하면서, 성공한 사람의 삶, 힘 있게 살았던 사람의 삶에는 공통적으로 반드시 나눔의 삶, 섬김의 삶이 있다는 것을 발견하게 되었고, 그 사실을 사람들에게 알리고 있습니다.

구별된 삶

바로 이러한 나눔의 삶은 성경에서 하나님께서 성도들에게 기대하

223

시는 삶입니다. 히브리서 13장 10절 말씀을 보면 "오직 선을 행함과 서로 나누어 주기를 잊지 말라 하나님은 이 같은 제사를 기뻐하시느니라"고 말씀하십니다. 선을 행하며 나누어 주는 삶이 하나님께서 기뻐하시는 제사라고 말씀하시는 것입니다. 하나님께서는 이처럼 베풀고 섬기는 그 마음에 축복의 문을 열어주시며 축복을 주시겠다고 약속하셨습니다.

신약의 말씀 속에 나타난바와 같이 초대교회 때부터 손님 대접은 우리 자신이 나그네임을 늘 잊지 않는 신앙고백의 표시였습니다. "성도들의 쓸 것을 공급하며 손 대접하기를 힘쓰라"(롬 12:13).

손 대접은 각 사람의 가치를 인정하고 가난한 자, 나그네, 병든 자들을 실제적으로 돌아봄으로서 이 세상에 버려진 인생과 같은 우리를 존귀한 존재로 영접하신 그 주님을 향한 사랑이 감사로 나타나는 증거였던 것입니다. 또한 디모데전서 3장 2절 말씀을 보면 초대교회 공동체에 지도자의 자격 중 하나는 얼마나 손님 대접을 잘하는지 보는 것이었습니다. 왜냐하면 이것은 복음과 교회의 신뢰성을 보여 주며 그 사람의 신앙고백의 진실성을 보여 주는 외적 증거로 나타난 삶이었기 때문입니다.

나의 것을 나누는 삶은 내가 죄의 자녀이던 때에 소유하고 움켜쥐고 내가 주인이 되고 내 마음대로 사는 삶이 아니라 나누어주고 베풀고 섬기고 생명에 복음을 전하고 생명의 열매를 맺는 삶입니다. 우리가 하나님의 자녀 되었다는 참된 징표는 구체적인 물질 사용과 시간 사용, 그리고 삶의 우선순위에 있어서 세상 사람들과 구별되는 데서 나타납니다. 왜냐하면 성도의 삶은 부활하신 주님과 더불어 영원한 하나님 나라에서 하늘 백성의 인생기준을 가지고 살아가는 삶이기 때문입니다.

다시 본질로,
다시
뜨겁게

하나님이 진정 기뻐하시고 인정하시는 그리스도인으로 다시 서기 위해 반드시 필요한 것은 균형 잡힌 신앙생활입니다. 이를 위해서는 주님의 몸 된 교회가 어떤 곳이며 무엇을 하는 곳인가에 대한 바른 이해가 먼저 필요합니다. 성경에는 하나님이 원하시는 바른 교회의 모습을 보여 주는 초대교회들이 등장합니다.

하나님은 안디옥교회를 통해 교회의 본질적인 사명을 감당하는 모범적인 교회의 모습을 보여 주십니다. 안디옥교회는 예루살렘교회처럼 큰 교회가 아니었습니다. 안디옥교회는 박해와 고난을 피해 고향을 떠난 피난민들에 의해서 세워진 교회였습니다. 다른 교회들보다 나중에 세워졌지만 전 세계에 복음을 전하는, 주님께 붙잡힌바 된 교회가 되었습니다.

교회의 진정한 사명

하나님이 다시 쓰시는 교회 공동체가 되기 위해서는 안디옥교회처럼 선교 공동체로서 교회의 모습을 되찾아야 합니다. 규모가 성장하고 사랑의 교제와 치유와 회복이 있는 교회라 할지라도 선교에 대한 관심과 훈련과 의지가 없다면 엄밀한 의미에서 온전한 모습을 갖춘 교회라고 할 수 없습니다. 사도행전 13장은 선교 공동체로서 안디옥교회가 어떻게 주님께 칭찬 받았는지, 전 세계를 향해 그들이 어떻게 복음의 아름다운 소식을 전할 수 있었는지를 잘 보여줍니다. 안디옥교회는 다양한 인종, 사회적 신분, 연령, 학력, 경제적 배경을 가진 사람들로 구성된 공동체였습니다. 하지만 그들은 교회에게 주어진 복음 전파와 선교를 감당해야 한다는 사명을 통해 차이와 장벽을 극복하고 온전히 하나 될 수 있었습니다. 안디옥교회의 모든 성도들은 누구도 예외 없이 동일하게 복음 전파의 사명을 자신과 교회 공동체에게 공통적으로 주어진 사명으로 받아들였던 것입니다.

오늘날의 교회는 하나님이 주신 지상 명령에 순종해 한 영혼을 품고 영혼 구원을 위해 매진해야 합니다. 복음을 위한 순종은 때로 적지 않은 희생을 요구합니다. 하지만 그 희생은 세상에서 값진 희생입니다. 복음 역사에 희생의 대가 없이 이루어진 일은 없습니다.

초대교회 교부였던 터툴리안은 "순교자의 피는 선교의 종자"라고 했습니다. 희생이 없는 곳에서는 생명이 살아나지 않습니다. 죽음이 생명으로 바뀌지 않습니다. 그리고 절망이 소망으로 변화되지 않습니다. 복음을 위한 희생 위에서만 이러한 일들이 이루어질 수 있는 것입니다.

복음의 손길을 기다리는 잃어버린 영혼들을 향해 눈물과 사랑으로 나아가는 삶을 살기를, 교회의 진정한 사명에 최우선으로 응답하는 교회 공동체가 되기를 소망합니다.

복음을 위한 순종은 때로 적지 않은 희생을 요구합니
다. 하지만 그 희생은 세상에서 가장 값진 희생입니다.
희생이 없는 곳에서는 생명이 살아나지 않습니다.
죽음이 생명으로 바뀌지 않습니다. 그리고 절망이
소망으로 변화되지 않습니다.

예수님의
삶의
원칙

사람들은 나름대로의 삶의 원칙을 세우며 살아갑니다. 그것이 깨지면 고통스러워하고 중요한 것을 잃은 것처럼 괴로워합니다. 어떤 사람들은 새로운 원칙들을 세우며 이전의 원칙들을 하나씩 하나씩 버리기도 합니다. 우리가 세워야 할 삶의 원칙은 다름 아닌 예수님께 있습니다. 복음서를 읽어 보면 예수님이 지키셨던 삶의 원칙 몇 가지가 있습니다. 예수님은 이 원칙이 아무리 어렵고 힘들어도 반드시 지켜 내셨는데, 특히 요한복음 9장에 기록된 맹인을 고쳐 주신 말씀에 잘 나타나 있습니다.

세 가지 원칙

예수님의 삶의 원칙은 자신이 하나님으로부터 보내심을 받은 존재라는 사실을 기억하는 것입니다. 다른 말로 소명 의식입니다. 이것은 두 가지 전제를 포함합니다. 자신을 보내신 존재가 있다는 것과 그분이 자신을 통해 하고 싶어하시는 일이 있다는 것입니다. 예수님은 하나님의 뜻대로 행하는 것이 예수님의 양식이라고 말씀하셨습니다. 예수님의 생애를 보면 어떻게 하면 하나님이 맡기신 일을 잘 감당할까 늘 고민하셨음을 알 수 있습니다.

소명 의식을 품고 있는 사람은 이 시대와 상황에 하나님이 보내신 이유와 목적이 있다는 생각을 가지고 살아갑니다. 그래서 자기 자신보다 보내신 분의 뜻과 계획에 관심을 갖습니다. 그분의 뜻이 있는 곳에 자신을 던질 줄 알고 희생하며 봉사합니다. 가정과 교회, 그리고 현 시대에 이루기 원하시는 하나님의 뜻에 생각과 몸과 시간이 머물러 있게 하는 것입니다.

예수님의 두 번째 삶의 원칙은 자신의 삶과 행동을 통해서 반드시 하나님을 드러내고 높임을 받으시게 한다는 것입니다. 자기 자신이 드러나고 높임을 받아야 하는 사람은 양보가 없고 순종이 없습니다. 설사 순종한다 하더라도 자기를 높이고 드러내고픈 마음의 숨은 동기가 있기 마련입니다. 봉사와 섬김에 하나님이 아닌 자기가 나타나기 원하는 내면의 동기가 있기 때문에 오래 참지 못합니다. 자신에게 돌아올 영광이 없다고 느껴지면 언제든 맡았던 일과 사람들로부터 떠나 버립니다.

예수님은 하나님께 영광을 돌리시기 위해 십자가에 못 박혀 죽는 희생과 아픔을 고통 중에도 참으셨고 끝까지 순종하셨습니다. 이로 인해 주님은 하나님의 구원 계획을 완성하셨습니다. 주어진 삶에 대해서는 책임감을 가지고 살아야 하지만 하나님이 높임을 받으셔야 한다는 원칙이 서 있지 않으면 자기도 모르게 하나님이 받으셔야 할 영광을 가로채게 됩니다. 이것이 타락과 멸망의 전조입니다.

예수님의 세 번째 삶의 원칙은 일할 시기, 즉 시간에 관한 것입니다. 예수님은 이 땅에 계시는 동안 시간과 기회에 민감하셨습니다. 자신이 떠날 때가 된 줄도 아셨고, 아직 때가 이르지 않은 것도 아셨습니다. 제한된 시간을 의식하면서 시간을 낭비하지 않으셨던 것입니다.

우리는 영원히 살지도 못하고, 영원히 소유할 수도 없습니다. 언젠가 이 모든 것이 더 이상 내 것이 아닐 때가 분명히 옵니다. 그렇기에 우리의 가장 큰 자산은 시간과 기회입니다. 이러한 자산을 주신 분명한 소명을 알고 있다면 그것을 성취하기 위해 전력질주 해야 합니다. 하루를 더 살고, 한 해를 더 살았다는 것은 제한된 자산이 그만큼 줄어들었다는 의미입니다. "때가 아직

낮이매 나를 보내신 이의 일을 우리가 하여야 하리라"(요 9:4)는 하나님의 말씀을 우리는 기억해야만 합니다.

내 인생을 여기까지 인도하신 하나님이심을 고백한다면, 나의 나 된 것은 주님의 은혜라고 고백한다면 바로 오늘 예수님의 삶의 원칙들을 나의 것으로 삼을 수 있을 것입니다. 우리 인생은 여전히 끝나지 않았습니다. 아직도 많은 시간이 남아 있습니다. 이제 삶의 원칙을 새롭게 하고 그 원칙을 따라 나간다면 하나님이 예비해 두신 삶의 보물을 경험하게 될 것입니다.

그리스도인
답게
살아가기

　　2008년 2월 10일, 우리나라 국보 제1호인 숭례문에 뜻밖의 화재 사고가 일어났습니다. 국가 기관의 행정 처리에 불만을 품은 한 사람의 횡포에 의해서였습니다. 숭례문은 다섯 시간 만에 전소되고 말았고, 그 광경을 지켜보던 온 국민은 그저 허망한 마음을 달래야만 했습니다. 너무나 어처구니없는 전대미문의 사건이었습니다.

　　지은 지 600여 년이 넘은 오래된 건축물이었기 때문에 많은 국민이 숭례문의 복원 가능성에 대해 회의적인 입장을 보였습니다. 과연 숭례문이 원래의 모습을 회복할 수 있을지, 컴퓨터 프로그램으로는 재현할 수 있겠지만 실제로도 그것이 가능한지

의견이 분분했습니다. 남은 것은 숭례문의 사진과 영상뿐인데, 그런 단편적인 자료만으로는 어떤 나무가, 어떤 부분에, 어떤 방식으로 사용되었는지, 어떤 부분을 받치고 있는지, 어떤 구조로 되어 있는지 구체적으로 알 수 없다는 여론이 지배적이었습니다. 이에 숭례문 설계도의 존재 여부가 초미의 관심사로 떠올랐습니다.

무엇을 만들 때 가장 중요한 것은 설계도입니다. 불에 타 버렸든, 비바람에 무너져 내렸든, 혹은 홍수에 쓸려 내려갔든 설계도만 있으면 언제든 원래대로 복원할 수 있습니다.

우리 인생에도 설계도가 필요합니다. 개인과 가정, 교회, 사회, 국가의 원래 모습과 나아갈 바를 보여 주는 설계도 말입니다. 어디에 있든지 알 수조차 없는 그 설계도는 바로 하나님의 말씀을 통해 찾아낼 수 있습니다.

성경은 우리가 하나님의 자녀이며, 그분께 사명과 원칙을 전해 받은 백성이라고 선포합니다. "태초에 말씀이 계시니라 이 말씀이 하나님과 함께 계셨으니 이 말씀은 곧 하나님이시니라 그가 태초에 하나님과 함께 계셨고 만물이 그로 말미암아 지은 바 되었으니 지은 것이 하나도 그가 없이는 된 것이 없느니라" (요 1:1-3).

그래서 모든 그리스도인은 신분에 맞게 살아야 합니다. 하나님의 백성으로 사는 것이야말로 우리의 원본 설계도이자 사명입니다. 하나님의 백성으로 산다는 것은 생각과 말과 행동의 동기가 모두 하나님의 백성이라는 신분에서 비롯되는 것입니다. 이스라엘 백성들이 다시 힘을 모아 성벽 재건의 역사를 시작할 수 있었던 것은 잊고 있던 사명을 자각했기 때문입니다. 이는 그들을 방해하는 세력에 당당히 맞서게 해 주었습니다.

무너진 예루살렘 성벽을 하나님의 계획과 설계도에 따라 건축해 나갔던 느헤미야와 이스라엘 백성들처럼 하나님의 성전을 함께 세워 나가고, 하나님이 맡겨 주신 사명을 감당하는 우리가 되기를 소망합니다. 그리고 성전이 새로워지는 것처럼 우리의 영적인 삶 또한 새로워지는 역사가 함께 있기를 기도합니다.

우리 인생에도 설계도가 필요합니다.
어디에 있든지 알 수조차 없는 그 설계도는
하나님의 말씀을 통해 찾아낼 수 있습니다.

넘어져도 어디로 갈지 몰라도
잘하지 못해도 괜찮습니다.
지금 그 자리에서
다시 시작하면 됩니다.
그 힘은 하나님이
주실 테니까요.